宗教文化译丛

大乘佛学

〔俄〕舍尔巴茨基 著
宋立道 译

商务印书馆
创于1897 The Commercial Press

Th. Stcherbatsky, Ph.D.

The Conception of Buddhist Nirvāṇa

Publishing office of the Academy of Sciences of the USSR

Leningrad, 1927

根据苏联科学院 1927 年列宁格勒版译出

“宗教文化译丛”总序

遥想远古，文明伊始。散居在世界各地的初民，碍于山高水险，路途遥远，彼此很难了解。然而，天各一方的群落却各自发明了语言文字，发现了火的用途，使用了工具。他们在大自然留下了印记，逐渐建立了相对稳定的家庭、部落和族群。人们的劳作和交往所留下的符号，经过大浪淘沙般的筛选和积淀后，便形成了文化。

在纷纭复杂的文化形态中，有一种形态叫“宗教”。如果说哲学源于人的好奇心和疑问，那么宗教则以相信超自然力量的存在为前提。如果说哲学的功用是教人如何思维，训练的是人的理性认知能力，那么宗教则是教人怎样行为。即把从信仰而来的价值与礼法落实于生活，教人做“君子”，让社会有规范。信而后行，是宗教的一大特点。

宗教现象，极为普遍。亚非拉美，天涯海角，凡有人群的地方，大都离不开宗教生活。自远古及今，宗教虽有兴衰嬗变，但从未止息。宗教本身形式多样，如拜物图腾、万物有灵、通神巫术、多神信仰、主神膜拜、唯一神教，林林总总，构成了纷纭复杂、光怪陆离的宗教光谱。宗教有大有小，信众多者为大，信众寡者为小。宗教有区域性的，也有跨区域性的或世界性的。世界性宗教包括基督教、伊斯兰教、佛教等大教。还有的宗教，因为信众为单一民族，被视为民族性宗教，如犹太教、印度教、袄教、神道教等。宗教犹如一面硕大无朋的神圣之网，笼罩着全世界大大小小的民族和亿万信众，其影响既广泛又久远。

宗教的功能是满足人的宗教生活需要。阶级社会，人有差等，但无人不需精神安顿。而宗教之于酋长与族人、君主与臣民、贵族与平民、总统与公民，皆不分贵贱，一视同仁地慰藉其精神。有时，人不满足于生活的平淡无奇，需要一种仪式感，这时，宗教便当仁不让。个人需要内在的道德，家庭、社会、国家需要伦理和秩序，宗教虽然不能“包打天下”，却可以成为不可多得的选项。人心需要温暖，贫民需要救济，宗教常常能够雪中送炭，带给需要者慈爱、关怀、衣食或资金。人是社会的动物，宗教恰巧有团体生活，方便社交，有利于人们建立互信和友谊。

“太阳照好人，也照歹人。”宗教劝人积德行善，远离邪恶，但并非所有的“善男信女”都是仁人君子，歹徒恶人也不乏其例。宗教也不总是和平的使者。小到个人权斗、“人肉炸弹”，大到“9·11”空难，更大的还有“十字军东征”“三十年战争”“纳粹大屠杀”。凡此种种大小纷争、冲突、战争和屠戮，都有宗教如影随形。美国学者亨廷顿早在1993年就曾预言：未来的冲突将发生在几大宗教文明之间。姑且不说“文明”之间是否“应该”发生冲突，宗教冲突或与之相关的各种“事件”时有发生，却是一个不争的事实。

既然宗教极其既深且广的影响是事实存在，那么介绍和诠释宗教经典，阐释教义学说，研究宗教历史，宗教与政治经济，以及宗教间的关系等理论和现实问题，就有了“充足的理由”和“必要”。

1873年，马克斯·缪勒出版了《宗教学导论》，其中首次使用了“宗教学”概念。从此，宗教研究成了一门学科，与文学、历史学、哲学、社会学、心理学、民族学等并驾齐驱。在宗教学内部，宗教哲学、宗教人类学、宗教社会学、宗教心理学等分支也随之出现，成就了泰勒、韦伯、蒂利希、詹姆斯、布伯、巴特、莫尔特曼、尼布尔、汉斯·昆等一大批宗教思想家。1964年，根据毛泽东主席批示的精神，中国科学院哲学社会科学学部组建了世界宗教研究所。从此以后，宗教学和更广意义的宗教研究也渐次在社会主义中国生根、开花、结果，在学术界独树一帜，为世人所瞩目。

宗教经典的翻译、诠释与研究，自古有之，时盛时衰，绵延不绝。中国唐代的玄奘、义净，历经千辛万苦西行取经，而后毕生翻译佛典，成为佛教界的佳话；葛洪、寇谦之、陶弘景承续、改革道教，各成一时之盛；早期的犹太贤哲研讨《托拉》、编纂《塔木德》，开启了《圣经》之后的拉比犹太教；奥利金、德尔图良、奥古斯丁等教父，解经释经，对于厘定基督教教义，功莫大焉；斐洛、迈蒙尼德等犹太哲人诠释《圣经》，调和理性与信仰，增益了犹太教；托马斯·阿奎那、邓斯·司各脱、威廉·奥康等神学大师，建立并发展了宏大深邃的经院哲学，把基督教神学推到了顶峰。还须指出，传教士们，包括基督教教士和佛教高僧大德，致力于各自宗教的本土化，著书立说，融通异教，铺设了跨宗教和多元文化对话的桥梁。

学生的学习，学者的研究，都离不开书。而在某个特定的历史时期，外著移译，显得尤为必要和重要。试想，假如没有严复译的《天演论》《法意》，没有陈望道译的《共产党宣言》、傅雷译的法国小说、朱生豪译的莎士比亚诗歌与戏剧，等等，中国的思想文化界乃至政治、经济、社会等各个领域，是一个什么景象？假如没有贺麟、蓝公武、王太庆、苗力田、陈修斋、梁志学、何兆武等前辈学者翻译的西方哲学名著，中国的哲学界将是什么状态？假如没有宗教学以及犹太教、基督教、伊斯兰教、佛教等宗教经典或研究性著作的翻译出版，我们的宗教学研究会是何等模样？虽说“试想”，但实际上根本“无法设想”。无疑，中国自古以来不乏学问和智慧，但是古代中国向来缺少严格意义上的学科和学术方法论。近现代以来中国分门别类的学科和学术研究是“西学东渐”的结果，而“西学东渐”是与外籍汉译分不开的。没有外籍的汉译，就没有现代中国的思想文化和学术。此论一点也不夸张。

众所周知，在出版界商务印书馆以出版学术著作著称，尤其以出版汉译名著闻名于世。远的不说，“文革”后上大学的文科学子，以及众多的人文社科爱好者，无不受益于商务印书馆的“汉译世界学术名著丛书”，我本人就是在这套丛书的滋养熏陶下走上学术之路的。

为了满足众多宗教研究者和爱好者的需要，商务印书馆对以前出版过的“宗教文化译丛”进行了改版，并扩大了选题范围。此次出版的译丛涵盖了宗教研究的诸多领域，所选原作皆为各教经典或学术力作，译者多为行家里手，译作质量堪属上乘。

宗教文化，树大根深，名篇巨制，浩如烟海，非几十本译作可以穷尽。因此，我们在为商务印书馆刊行“宗教文化译丛”而欢欣鼓舞的同时，也期待该丛书秉持开放原则，逐渐将各大宗教和宗教学研究的经典、权威性论著尽收囊中，一者泽被学林，繁荣学术；二者惠及普通读者，引导大众正确认识宗教。能否如愿以偿？是所望焉。谨序。

傅有德

2019 年 9 月 22 日

译者序言

此书原名《佛教的涅槃概念》，临发排付印之前译者改为《大乘佛学》。相应地，其姊妹篇《佛教的中心概念和法的意义》也易名为《小乘佛学》。

《大乘佛学》与《小乘佛学》是俄国著名佛教学者舍尔巴茨基（Th. Stcherbatsky，1866—1942年）的代表作品。最初即以英文写成。出版七十余年来一直被西方的佛教学研究者、东方学学者视为不朽名著，代表了以西方比较语言学、比较哲学方法研究东方佛教的成果。舍氏本人也被认为是独辟蹊径的开拓性哲学史家。由于其特殊风格，舍氏同他的门下弟子被称为彼得堡学派，在20世纪20—30年代的西方佛学研究界可谓独领风骚。

舍尔巴茨基出身于帝俄贵族家庭，从小即受良好的西欧标准的教育。少年时代，他便掌握了英语、德语、法语。1884年，他中学毕业后考入圣彼得堡大学，就学于历史文学系。起初其兴趣完全在语言学方面。他在米纳耶夫[①]教授的指导下从事语言学尤其是梵文的学习。后者是俄罗斯著名印度学者，通晓梵语、巴利语、汉语、满语等，其学术成果直到今天仍然令人钦佩。米纳耶夫赴

---

① 米纳耶夫（I. P. Minayeff, 1840—1890年）曾师从韦伯（Albrecht Friedrich

缅甸考察后，舍氏又从米氏的高足奥登堡学习梵文，并听德国学者布劳恩关于古代哥特语、盎格鲁－萨克森语、高地德语讲座。这一时期他还学习了教会斯拉夫语。此前，舍氏已经掌握了希腊文和拉丁文。1889年，他以优异的成绩毕业，在圣彼得堡大学任实习教员。旋即赴维也纳，随布勒尔（Bühler, 1837—1898年）①学习印度诗学。这一时期，舍氏在布勒尔的指导下研究拜尼尼语法、印度的《法论》及古代碑铭解读。1893年回到圣彼得堡后，有六年时间他似乎放弃了对印度学的专注研究。1899年，舍氏赴罗马参加东方学大会。会后，他即前往波恩师从著名学者雅各比（H. G. Jacobi, 1890—1937年）②。这次他的研究题目转到了梵文哲学文献上。舍尔巴茨基的学术渊源大致有两个方面：从布勒尔教授那里，他继承了对印度历史和文学的深刻认识，对拜尼尼语法的研究培养了他细密的甚而可称烦琐的分析方法；从雅各比教授那里，舍氏吸取了东西方比较哲学研究的方法，培养了对哲学基本问题和核心范畴敏锐而深刻的观察眼光。

1900年，舍氏回到俄国。在圣彼得堡大学任东方语言系文学

Weber, 1825—1901年）教授，并获益于另一俄国印度学学者瓦西里耶夫（1818—1900年）的指导。米纳耶夫曾整理巴黎国家图书馆的巴利文写本目录，与人合作校订《翻译名义集》梵文部分，刊行并翻译《妙吉祥真实名经》《菩提行经》，校订刊行《论事》，撰《巴利语辞典》等。

① 奥地利著名东方学学者，曾在孟买、蒲纳教书（1863—1866年）。从印度回国后在维也纳大学执教，对印度考古学、古钱币学、碑铭解读、古代语言学均有贡献。

② 德国印度学学者、语言学者，曾先后执教于基尔、波恩各大学。1913—1914年任教于加尔各答大学。其研究涉及比较哲学、印欧语比较、印度哲学、佛学、耆那教理等。著作有《印度天文学》《罗摩衍那》《摩诃婆罗多》《耆那教典》《印度诸神史》《弥曼差派及胜论学说》等。

讲座讲师。旋即成为俄国科学院院士。

19世纪末，对于中亚古代文化的研究热潮伴随着各国在中亚的考古探险活动而兴起。俄国考察队在奥登堡的领导下两次赴中亚活动。随着大量古代佛教遗址被发现，佛教学者和印度学学者的兴趣纷纷转到了对梵文、藏文、吐火罗文等古代文书的研究上来，北传佛教一时成为了西方佛学研究的热门课题。一开始从印度文学的文献研究入门的舍氏，也将目光转到了这方面，他着手进行印度哲学的，尤其是佛教哲学的研究。[①]这一时期，他掌握了藏文。

舍氏的门下弟子也因他在前后两期的学术兴趣而分为两部分。主要从事佛教文化和印度哲学研究的有罗森堡博士、奥伯米勒博士，再就是苏联科学院院士伏拉基米尔采夫。后者对于蒙古的语言和历史文化尤有深刻研究。另外一批佼佼者，如从事语言和文学研究的文学博士埃伦舒第托，他是科普特语和多种古典语的权威，现任俄国东方学研究所圣彼得堡大学教授。舍氏最早的学生弗勒曼为伊朗古代文献学的权威，现任圣彼得堡大学教授。舍氏的关门弟子卡良诺夫，现任俄国科学院东方研究所研究员、圣彼得堡大学讲师，从事梵文文献研究。

舍尔巴茨基的佛教哲学开始于对法称《正理一滴》的研究。他的研究所据是该论的梵文本和藏译本。这一研究的成果导致

① 舍氏关于印度文学和语言的研究和教学也都堪称一流。他曾开过梵语讲座：关于《云使》的研究讲座，关于迦梨陀莎的《沙恭达罗》的研究讲座。他的教学内容还包括拜尼尼文法原本、《哲学教科书》(*Tarkabhāsā*)、《往世书》等。他曾写有印度史、印度学史、印度文学史、历史文法、印度宗教史的讲义。

了《佛教逻辑》[1]一书的问世。《佛教逻辑》深刻地把握了法称这一晚期佛教学者的认识论逻辑学杰作。舍氏在书中运用比较哲学研究方法研究了所谓瑜伽经量部的认识论。他称法称为“印度的康德”。舍氏的佛教学研究活动还包括参与奥登堡院士开创的整理出版梵藏文佛教经典的《佛教文库》的工作。这是20世纪初重要的国际佛教研究工程，德国、法国、英国和俄国的许多著名学者都参与其事。1904年起，他的著述逐渐刊见于《佛教文库》。1910年，他被推选为俄国科学院东方学部通信院士。同年往印度考察。他在孟买、瓦拉纳西、加尔各答等地结识了许多印度学者，对印度获得了深刻的感性认识。这期间他努力搜集梵文写本，尤其是正理方面的著作。他在大吉岭谒见了达赖喇嘛并试图往西藏搜集藏文经典，后未果。

归国后，他着手研究被称为“第二佛陀”的世亲的《俱舍论》及称友的注释（vyākhyā）。此论又称“解脱知识的宝藏”，是小乘说一切有部的系统哲学著作。从事这项研究的诱因是因为斯坦因在中亚发现了《俱舍论》的回鹘文写本，国际学术界轰动一时。法国的列维（Sylvain Lévi）、英国的罗斯（Denisson Ross）、比利时的路易·德·拉·瓦勒·浦山（Louis de la Vallée Poussin）、日本的荻原云来均投入了尝试性的研究。舍氏可以说是俄国学者方面的代表。舍氏的研究成果，便是1923年发表的《佛教的中心概念和法的意义》（*The Central Conception of Buddhism and the Meaning of the Word Dharma*）。我们的中文译本易名为《小乘佛学》。

---

① 此书汉译本已于1997年由商务印书馆出版。

由《俱舍论》研究往后，舍氏继续他的佛教哲学研究。从他的研究成果可以看到其研究的思路。他认为整个佛教学说的出发点是对灵魂自我加以否定。而从一种宗教哲学理论体系来看，除了哲学所关心的实体与属性、永恒与变易的一对对范畴，还有解脱论、救赎论所不可或缺的道德主体的存有前提，从而在佛教运动发展的洪流中，始终有着阿特曼（灵魂）运动的潜流。这是从小乘到大乘、从无常无我、从苦空价值观向常乐我净转变的基础。舍氏抓住涅槃的另一中心概念。在1927年出版了《佛教的涅槃概念》，即本书《大乘佛学》。《大乘佛学》以2世纪的佛教思想家龙树为研究对象，围绕涅槃考察了大乘学说的绝对观；揭示了这一流行于中国、朝鲜、日本、苏联布利亚特人和喀尔梅克人地区的藏传大乘运动的思想底蕴。舍氏此书的价值正在于它出自一位精通欧西哲学发展史及印度思想源流，熟谙梵文、藏文，于语言分析和概念分析方法极有素养的通人之手。

1930年，舍尔巴茨基出版了他的第三部著名的哲学著作《佛教逻辑》(两卷本)。此书是亚洲文化史研究的重要成果，是梵语文献学研究的重要成果，也是哲学史研究的重要成果。

舍氏的最后一部重要佛学著作是《中边分别论》(*Madhyānta-vibhanga, Discourse on Discrimination between Middle and Extremes*)，它以瑜伽行派学说的根本论著为对象。本书于1936年发表于《佛教文库》第20卷。舍氏尚未完成或发表的著作还有《佛教的思想》《西藏哲学的基本源流》《印度和西藏地区的佛教史》。[①]

① 《1935年苏联科学院活动报告》，莫斯科·列宁格勒，1937年，第248页。

在西方佛学研究界，舍氏的风格接近研究北传佛教的一批学者，如伯努夫（Eugène Burnouf）、瓦西里耶夫（Vasiliev）、米纳耶夫、浦山、罗森堡等；而与研究南传佛教的一派——如李斯·戴维斯（Rhys Davids）、奥登堡等——不同。前者更强调以一般的印度哲学作为佛教哲学研究的基础，舍氏也据此而认为世亲的《俱舍论》是百科全书式的宗教哲学著作，它贯穿了印度哲学总的解脱论倾向，又包含了小乘佛教内外的理论要点。

舍尔巴茨基是欧洲三个权威学术团体的名誉会员。它们是英国皇家亚洲学会（1932年）、巴黎的法国亚洲协会（1935年）和柏林的德国东方协会（1931年）。

以下简单介绍《大乘佛学》与《小乘佛学》。严格地说，我们认为舍尔巴茨基的此两书并非传统意义上的有关佛学原理的著作。《大乘佛学》仅仅以涅槃为讨论的中心议题，这就放过了佛学体系必然要涉及的境、行、果三个方面的内容，亦即是关于认识之境、解脱之境的，关于宗教修习实践的，关于宗教憧憬或理想境界的系统叙述。境的理论可以引出大乘教的哲学体系，可以引出般若学说和唯识学说；行的理论应该包含修行十地，包含戒与定的细密内容；果的理论则更牵扯到大乘各宗派关于佛果的看法。话虽如此，舍氏的涅槃概念，作为理论枢纽却是可以提纲挈领地将大乘空有两宗学说呈放射状地联结起来的。只是由于篇幅所限，他也不可能做这方面的发挥。

舍氏的大乘佛学观真正地着眼于基本原理的、核心观念的发展，他从哲学的视角，以高度的概括和抽象描述，勾画了佛教在整个印度思想背景中的地位。他指出涅槃这一观念，在从小乘到大乘的历史过程中，获得了根本相反的性质。这一观念自我否定的过程，也正是佛教哲学由经验向超越、由生死向永恒、由世间向出世间、由相对向绝对、由染向净、由多元实在向一元整体发展的辩证过程。最终大乘佛教又更上一层，将一切相待统摄起来，完成了它的绝对的相对性境界构造。舍氏尽管没有在法身论、十地说、实相观方面去着墨，但他的理论要点涉及了最有代表性的小乘部派说一切有部、中经譬喻师和经量部而向大乘有宗发展的脉络（虽然关于有宗学说对有部和经量部的改造批判只能由读者去体会）。他描述了小乘有部的朴素实在论或唯实论是如何否定以数论为代表的关于永恒本质和现象的两重系列，又如何借六因四缘的理论确定了认识论意义上的现象实在论；最终经量部又如何以刹那学说取消了认识对象的实在论基础；经量部的唯名论（假言施设、假名有）立场如何揭示了观念论（唯识说）的先声，又如何与中观派的空论协调，如是等等。

舍尔巴茨基在《大乘佛学》一书中有许多深刻的思想，如他以热寂说的假设来说明涅槃状态如何一方面能量不失，另一方面又因绝对的能量均衡而涅槃界中无造作生起；又如他从整个印度思想发展背景而假设了所谓前佛陀的佛教；他所分析的数论基本哲学范畴对佛教哲学体系的正反影响等，都是闪烁着光芒的见解。

《小乘佛学》一书主要是对《俱舍论》的研究。《俱舍论》是对说一切有部学说的概括。严格说来，它不能代表整个小乘佛学。但我们考虑，小乘二十部派中，真正完整保留下来的或对印度佛教和印度哲学影响深远的不过上座部、有部、经量部、正量部数家，其中有部学说是北传佛教的主流，对后来空有两宗大乘派别都有极大的刺激作用；此外，舍氏在写作过程中并非仅限于讨论《俱舍论》体系，而是广泛涉及佛教各部派的学说要点。尤其重要的是，此书讨论了佛教在部派时期的基本哲学问题——色心、业、轮回等。为此，我们仍称之为《小乘佛学》。

《小乘佛学》的结构，一如《大乘佛学》，它以有部的五位七十五法为中心，追溯了不同范畴在印度思想史上的渊源，从而对比研究了佛教与婆罗门教的尤其是其中数论、瑜伽的思想联系；最终，他从佛教根本上仍属于解脱宗教的角度，考察了一切存在诸法在修行者由染而净的过程中，或在认识上或在实际上可能发生的转换，从而揭示了佛教的存在论与解脱论的内在联系。

我们所以翻译舍尔巴茨基的这两部名著，主要目的在于介绍一种不同于我国传统佛学研究的方法。对于我们这一代按照近代西方教育模式培养起来的读者，阅读这种理性主义的、充满实证精神的佛教哲学著作，应该不会有隔膜的感受。书中运用语言学分析和哲学概念比较研究的方法，对我国目前的佛教学研究，提出了一个更高的标准。我们不仅应该说明佛教某一宗派、某一思想家的主张是什么，更应该说明这一主张的背景，说明其基本哲学观念和宗教观点的发展史。迄今为止，我国佛教学著作有关于一般通史的，有关于宗教史的，但未见到有关佛教基本范畴发展史的。译者在此绝无厚彼薄此的意思。实际上，这是一个更高的学术高度，它要求学者具备渊博的背景知识。就佛教而言，如果没有关于文化史的、一般世界史的、古代亚洲交通史的、民族史的知识，如果没有对两三门经典语文，如梵文、藏文的通晓（对汉文的精通自是毋庸置疑的必要前提），大约是不能达到这一学术高度的。应该说，舍尔巴茨基本人也没有真正完成这一任务，除了客观上存在着史料断层，也有主观方面的不足。如他在书中的概念史叙述缺乏历史的背景说明，结果佛教思想的发展像是纯粹概念自身的发展；另外，概念发展的联系环节，有的也以作者的臆测为根据。尽管如此，瑕不掩瑜，《大乘佛学》和《小乘佛学》仍然不失为世界性的佛学名著，即使对今天的佛学专家也仍然能提供重要的启示。

本书得以同读者见面，特别要感谢商务印书馆。而今“天下滔滔”，无利不为，无利不往。出版佛学书籍，尤其又是译著，确实是要眼光和勇气二者的。在此，应当特别感谢的还有宗教学专家任继愈先生。《小乘佛学》一书的英文原稿是任先生从北京图书馆复印并赐予译者的。若无先生的学术教导和鼓励，本译稿也不可能在一年内完成。

希望读者诸君能接受两部译著并欢迎指出译文中错谬之处。

宋立道

2023年5月

目　录

序……………………………………………………………………………… 1

第一章　绪论………………………………………………………………… 3
第二章　佛教与瑜伽………………………………………………………… 5
第三章　神秘的直观………………………………………………………… 30
第四章　佛陀相信个体之我的永恒性吗？………………………………… 37
第五章　佛陀是不可知论者吗？…………………………………………… 40
第六章　晚期小乘佛教的立场……………………………………………… 45
第七章　绝对的两重性……………………………………………………… 52
第八章　毗婆沙师…………………………………………………………… 54
第九章　经量部……………………………………………………………… 59
第十章　瑜伽行派…………………………………………………………… 63
第十一章　中观派…………………………………………………………… 77
第十二章　小乘的因果理论………………………………………………… 83
第十三章　大乘的变形的因果理论………………………………………… 86
第十四章　相对性的理论…………………………………………………… 89
第十五章　由神秘直观证得的实在且不朽的佛陀………………………… 93
第十六章　关于涅槃的新观念……………………………………………… 97
第十七章　相对性本身是相对的吗？……………………………………… 105

第十八章　佛教与婆罗门教的平行发展…………………………………… 109
第十九章　欧洲的类似理论………………………………………………… 111
第二十章　正理－胜论学派的主张 ………………………………………… 120
第二十一章　结论…………………………………………………………… 131

附录一　关于《中论》与中观派…………………………………………… 134
附录二　《中论》（第一、第十五、第十八及第二十五品）…… 147

专有名词索引………………………………………………………………… 188
人名索引……………………………………………………………………… 199
书名索引……………………………………………………………………… 202
主要议题索引………………………………………………………………… 207

序

本书撰述缘起应归于伦敦东方研究学院的校长D. 罗斯（D. Ross）爵士，他曾要我就浦山教授的论涅槃的著作[①]给该学院学报写一篇书评。

在考虑该书中某些重要论点的时候，我又重新思考了经量部[②]的主张以及该部派提出的对涅槃的“否定”。这些主张使经量部表现为小乘与大乘的中间阶段，而如果对后者的中心概念缺乏清晰的了解，也就无从理解经量部的态度。这就使我进一步想要阐明大乘佛教的佛陀及其涅槃的观念。小乘佛教与大乘佛教的这种对比研究从而也就顺便证实了我在《佛教的中心概念和法的意义》一书（伦敦皇家亚洲学会，1923年）中的论点和术语的说明。本书因而可以视为其姊妹篇，其名称也可以相应称为《大乘佛教的中心概念》。

---

① 《宗教史研究》(5)，路易·德·拉·瓦勒·浦山的《涅槃》(*Etudes sur l'histoire des Religions*, 5, Nirvana par Louis de la vallée Poussin, Paris, 1925)。另：“涅槃”本义为“吹灭”，其词根为nir。引申义则为一切不生的，凭修习所达的完全境界。又译为灭度、圆寂等。——译者

② 经量部（Sautravāda）的巴利语为Suttavāda。佛灭400年顷（约第1世纪）由上座部的说一切有部中分出，不像有部以论为教义的中心体系，经量部是以经（佛说契经）为准绳的。——译者

我在本书中附上了龙树[①]和月称[②]的著作的核心部分译文，他们的主张是大乘佛教的奠基石。

在撰写本书的过程中，我的朋友图宾斯基（Tubiansky）教授提出了许多有价值的建议，使我大为获益，在此谨表诚挚谢意。我还应当深切地感谢亚历山德拉·施耐德（Alexandra Schneider）小姐的忘我的勤恳，是她编写了本书的专有名词索引。

我的老母亲帮我审读了校样。既然英国人在我们国内已成了rara avis（珍稀之物），那么书中可能出现的英文风格上的不妥之处，就应该由我与母亲负责了。

在对梵文词汇作音写时，我没有使用喉音n的区别符号，因为没有它并不影响其词义价值。

---

① 龙树（Nāgārjuna，约150—250年），意译此名为龙猛、龙胜，大乘佛教理论最初集大成者。生于南印度婆罗门家庭。游学南北，博通当时一切佛教理论，是印度佛教空宗、密教等的创始人。著述甚广，重要者有《中论》（4卷）、《大智度论》（100卷）、《十住毗婆沙论》（17卷），汉译佛经中题其名者有20部154卷，藏文《丹珠尔》中则有95部。中国和日本佛教八宗均奉其为开山之祖。——译者

② 月称（Candrakīrti，7世纪时人）。印度佛教中观派学者。龙树开创之中观派以后（约6世纪）分裂为应成派和自续派，其分歧主要在对实性本质的认识及论证方法上。其代表分别为佛护与清辨。佛护著《中论注》，清辨著《般若灯论释》，各主一立场。月称为应成派中观派后学，他对龙树的《中论》亦有注释，该书梵名*Prasannapadā nāma Madhyamakavṛtti*，为现存唯一《中论》注释梵本，弥足珍贵；另外，其著有《入中观论》（*Madhyamakāvatāra*），有藏译本。——译者

第一章　绪论

尽管欧洲对佛教的科学研究已有百年的历史，但我们对这一宗教的基本学说及其哲学仍不甚了解。可以肯定，别的宗教都没有这么难以驾驭，难以明晰地表述。我们所面临的是含义非常复杂的术语，常常有着不同的意义解释，也常常被宣称为不能翻译或无从理喻。绝望之余，有的学者便得出这样的结论：印度的宗教或哲学体系与欧洲的宗教或哲学完全是两码事，它并非连贯的思维的条理分明之创造物。它始终是模糊而不确定的。它表现的只是其意义连著述者自己也未必确实知道的梦一般的思想。[①]浦山在一部最近的著作《涅槃》[②]中，着手重新考察佛教涅槃理想的意义这一问题。而且他上来便告诫我们，从印度的原始资料，我们恐怕不能指望得到非常清楚明白的说明。[③]先前他也承认，佛教涅槃观念给人的感觉相当模糊不清。但他最近却完全改变了看法，

---

① 已故的布勒尔教授依据他同印度本土的班智达（学者）的长期交往，获得了一种另外的印象。每当他有某段经典弄不懂时，他总是对学生们说："Was ein Brahmanc gemacht hat, das muss heraus!"（如果是婆罗门来表达的话，它必定是非常清楚的！）因为它们通常都是非常简明的东西，不过得用科学的术语来表述而已。

② 《涅槃》，《宗教史研究》（5）。

③ 参见上书第Ⅺ—Ⅻ页。

认为即令是那些表述含混，而他竭力要给予澄清的思辨，都只是
2 后来的添加物；他认为，一开始涅槃仅意味着一种简单的关于灵
魂不朽的信仰。把它当成死后天堂中极乐的继续存在，是一种从
晦暗不明的巫术习俗中发展出来的信仰。

在下面的篇幅，我们将努力地检验用来支持这种新说法的论据，同时附带地思考和检讨佛教这一绝对概念[1]的变迁，以及——依我的看法——发生在佛教史上第一个千年中的变化。

① 原文为conception of the absolute，此处显然即指“脱离生死的永久涅槃”。

第二章 佛教与瑜伽

在公元前6—5世纪，就在佛教兴起之前，印度酝酿着骚动不安的哲学思潮。各种各样的见解和思想体系涌现出来并活跃地传布在不同阶层的印度人中间。[①]唯物主义的理论[②]、否认人死后个体之我继续存在、否认人的道德及非道德行为有相应报应的教义广泛地流传着。正统的婆罗门社会也发生了分裂，虽有一部分人仍然坚持这种古老的祭祀宗教，而婆罗门也向其信徒许诺了天堂中的福乐存在的报偿；另一部分人，从很早以来就倾向于一种一元论的宇宙观，他们将最高福乐的报偿解释成个体人格之我消融于非人格的无所不包的绝对之中。之后，婆罗门学者发展了这么一种观念：被束缚于世世循环中的永恒不死的自我（灵魂、阿特曼）[③]，由于不断

---

① 这一时间正好也是中国和希腊哲学思想活跃的时代。参见梅森的《比较哲学》（P. Masson Oursel, *La philosophie comparée*）第56页。

② 在印度，最古老的唯物论者也许可以上溯到奥义书时代的郁德罗伽（Uddālaka）。与佛教出世差不多同时的唯物论，有六师外道中的阿耆多·翅舍钦婆罗（Ajita keśakambala）。他的唯物论学说尚不成体系，大致可以判断为认识方面的感觉论和实际生活中的快乐为目的的伦理观。他也有不可知论（Vcchedavāda，断灭论）的主张。印度的唯物论又称作顺世外道。——译者

③ 参见雅各比：《东方之光中的印度哲学》（*Die indische Philosophie in das Licht des Ostens*），第150页及以下。

3 积累功德，作为报偿，它终归会得以复归某种纯粹精神的纯净状态。

在否定因果报应的唯物论者和主张复归于纯粹精神状态的灵魂不灭论者之间，佛陀是取中间道路的。从灵魂不灭论者那里，他接受了经一系列不断进步的多世存在而积累精神性善德的教义，但他却反对他们关于永恒不灭的精神性原理的说教。

就我们对佛陀哲学立场的了解，佛陀似乎很为这一矛盾所困扰过：一方面，他假设了一种永恒的、纯净的、因为不可说明的原因而必然为现世的尘垢染污的精神原理；另一方面，他又承认这种原理会要复归于它原初的本然清净。因而，这却使他走向了对任何永恒原理的否认。除了虚空（空间）和断灭①，对他来说，唯一终极性的实在便是分析为无限的过程中的刹那生灭的构成元素（dharmas，法）的物质和精神（色与心）。这种非人格的世界过程的观念的前身可以追溯到奥义书中发展的关于非人格的唯一世界实体的思想。很有可能，数论学派的著作在某种程度上便准备了这样的基础，让佛陀将世界分析为色与心这样的元素。佛陀哲学主张的独创性主要表现在他否定了一切实体性（substantiality），将世界过程转变为无数分离各别的转瞬即逝的元素的调和现象。他放弃了奥义书②的一

① 英译为annihilation，梵语应为nirodha或nirvāṇa。作者在后面索引中解释为“对小乘而言，这样的消灭是灭身灭智”或“生命最终的熄灭”。——译者

② 奥义书属于古代印度的一类哲学书，起初是对吠陀经典的解释，其中包含了对以往吠陀传统的批判和新见解，因其论述方式强调导师与弟子直接地传授，故又称“近坐书”。它对后来印度的自由思想，包括佛教在内，都有深远影响。奥义书中关于梵我两实体的合一论题是一个时代的新思潮，这本身便是对吠陀祭祀主义的某种批判。汉译奥义书较完全的本子有今人徐梵澄所译《五十奥义书》（中国社会科学出版社，1984年）。——译者

元论和数论派[①]的二元论立场，建立了一套基于极端多元论立场的哲学体系。佛教的本质和出发点的玄想性质看起来是很明显的——只要我们接受那些关于佛陀同时代的游行思想家以及他们与佛陀论争的记载。他们之间所争论的关键问题都具有玄想性质。其中最突出的是伦理问题以及对因果报应的解说，但它们都极为密切地联系到某种本体论学说和最终解脱的教义上[②]。

如果我们尽量完整地理解这么一个哲学家的主张——对佛说来，宇宙只是分离各别的色心二法的无限系列，一切构成元素随生即灭并无实在的人格，且没有任何永恒的实体；如果我们牢记：这个哲学家又在急迫地寻求足以建立其道德论的理论基础，那我们就必须承认，就我们的思维习惯而言，这绝不是轻而易举的工作。为了竭力逃避永恒不灭性的、一元论的和唯物论的各种矛盾，佛陀又陷入了在我们看来的一种新矛盾，即没有人格之我的道德律的矛盾——道德律本应该依存于自我的，佛教的解放是没有人存在的解脱。而我们通常所理解的解脱，应该是人能够达到的那种理想目标。

除非我们考虑到某种特殊的印度的思维习惯，即印度人以寂静为人生可能的唯一真实至福的观念，我们才能更透彻地理解佛
陀所提出的答案。佛教的圣者（ārya）认为世间凡夫的生命是充 4

① 数论（Sākhya）为印度正统六派哲学之一。其始祖为公元前4世纪的迦毗罗（Kapila）仙人。其学说主张二元论，认为世界过程的展开依赖原料因（prakṛti，自性）和动力因（puruṣa，神我）二者。其形而上学与实践哲学对佛教影响较大。——译者

② 参见B. C. 罗（Law）：《历史拾穗》（*Historical Gleanings*，加尔各答，1922年），第二章、第三章中之游行思想家（沙门）的故事。

满了不断的恼乱的、极为不幸的存在。圣者的目标是要摆脱现象生命的运动而进入一种绝对宁静的状态，在这种状态下一切感性的和形而下的思想都永远停止了。达到这种宁静的方法是深刻的冥想（yoga）[①]。这种瑜伽技巧是在非常早期的印度传统中发展起来的。[②]

在佛陀的理性目光下显现的世界图景，因而只是刹那生灭的，数目为无限多的分离各别之本体。它们无始以来便处于一种不安的状态，但它们会逐步地趋向寂静和一切生命的绝对之消灭，从而所有的构成元素也就逐一地归于停止。这一理想目标可以有很多名称，但其中最能适切表达"止灭"一意的便是涅槃了。这个术语也许在佛教之前便有了，而且它也适合于婆罗门教的个体之我消融于宇宙全体的理想（brahma-nirvāṇa，梵涅槃[③]）。

过有道德的生活并严格地履行所有的宗教责任，对一位正统婆罗门而言，能得到的报偿是死后幸福地继续生存于天上；对婆罗门教的一元论者，相应的报偿是消融于非人格的绝对之中；而佛教徒所获的许诺仅仅是生命的寂静以及最终的止灭。这一结果，

① yoga意谓"结合"，梵语词根为yuj，作为一种修持方法，它强调将思想集中于某一点；或者始终保持一种空白的无系念的心理状态，认为这有利于摆脱来自人体内外的干扰，获得解脱。5世纪左右，由波檀迦利（Patañjāli）的活动而形成瑜伽派，其修习理论和方法也为印度各派学说所重视。——译者

② 关于瑜伽学说在印度诸宗教中的意义，H. 柏格森（Henri Bergson）联系希腊哲学和基督教哲学中的神秘主义进行了比较研究，参见他的《道德与宗教的两大派系》（*Les deux sources de la morale et de la religion*，巴黎，1932年）。——译者

③ 参见塞纳特所集的《精要汇集》（*Album Kern*）第104页以及J. 达尔曼的《涅槃》（*Nirvāṇa*，柏林，1896年）及其《数论哲学》（*Die Samkhya Philosophie*，柏林，1902年）。塞纳特的特别之处在于称涅槃为"梵的简单同值语"，如果仅就大乘佛教的涅槃论，这是正确的。

就其自身言，与唯物主义者所提供的东西相去并不太远。后者主张，每一生命结束之后便是止灭。佛陀所许诺的同样也是止灭，不同点是佛教认为需要道德上的漫长系列（多世）的修行以及专注冥想的功夫。这样的果报不可能不给人以一种奇异的效果，这倒并不仅仅是对欧洲学者而言。尽管他们也相当熟悉灵魂绝非单独的实体的说法，但他们尚不能现成地、不费气力地就可以观察到：它会在这样早的时期，在这么遥远的国度得以清楚地表述，并且这种思想并未出现在某种怀疑论中，反而出现在宗教思想中。反对这种极端否认自我本体的人很多，其中也有印度人自己的呼声。

世尊入灭五百年之后，佛教僧伽的内部便产生了一种反对意见：它的思想力量强大而富于成果，它甚至可以称为一种完全依赖另一哲学的新宗教。 5

早期佛教明显的矛盾之处被加以不同的说明。人们认为，这是因为佛陀无意作无益的玄思，或者认为，他像别的宗教创始人一样，不可能作清晰的逻辑思维。我们现在所面临的是这么一个重构某种佛教的主张，它认为原初的佛教根本没有玄想的倾向，把今天佛教中的所有哲学部分都归结为较晚时期的产物。佛教的玄思被推到巴利语经典①最后形成的时代。

因此，我们认为，佛教曾有过一种原始的时期。它不同于后

---

① 所谓巴利语经典是指以古代印度的俗语（Prākrit）之一种的巴利语所记载的经典丛书。据近代学者研究，被称为南传五部的巴利语经典——《长部》《中部》《增支部》《相应部》及《小部》经典——的定型大约在公元前1世纪。当然如果依据大寺一系的史料，巴利语经典形成时代要更早。我们今天可以肯定，诸如《法句经》《经集》《不问自说经》等是最早的部分。——译者

来表现于巴利语佛教经典的那种宗教甚而与之相反对。厌世主义、虚无主义、灵魂否定说、无灵魂的心理学以止灭为终极目标，在佛世，所有这些使佛教明显地区别于其他印度或非印度的宗教的特征都不曾存在。[①]正是佛陀本人的佛教同后来呈现出来的佛教有着如此强烈的区别。假设历史上的佛教起先仅有某种简单的信条，其造成的结果自然便是：后来的发展一直在解说之前的思想。

但如果保存于我们最古老的文献材料中的所有或几乎所有教义，都是后来的发明创造，那么佛陀本人在世时所作的教导，以及公元前3—前2世纪——这是巴利语经典最终定型的大概时间——被另一种后发明出来的佛教所取代的，究竟是什么样的佛教呢？我们（在浦山的著作中）得到了一个确定的答复：那就是瑜伽学说。但这只部分地解答了我们的困惑，因为，要是有人进而问：瑜伽究竟是什么东西呢？我们也还是不能明白地给予回答。而我们又被浦山告知：每个人在被问及这么一个问题——一个简直毫无困难的问题[②]——时都会感到不安。尽管如此，翻到下一页时，我们又知道了瑜伽不过是鄙俗的巫术和辅以催眠术的魔法。这等于是说，佛陀甚至不是真正的波檀迦利哲学体系的追随者——后者的学说中关于出神的心理学解说，对于解决某些问题尚有明显的理论意义；佛陀只是一位普通的魔法师，他当然不曾考虑要否认有灵魂存在，不曾考虑要建立没有灵魂之我的心理学，不曾思考自己是否属于厌世主义者。不仅瑜伽的实践被断定在印度存在于佛教兴起之前——这当

① 参见前所引书第17、27、32—34、46、52、115—116、129、132页。

② 原文为法文en de plus malaisé! 引自浦山著作第11页。——译者

然是极有可能的事，而且看上去著者似乎还准备暗示这样的主张：不单是佛教自身，即真正的佛陀的佛教，而且甚至巴利语经典都只包含了模糊不清的巫术。①如若不然，我们又如何理解这几句说得 6
相当明白的话呢？“佛教所由中产生的瑜伽并没有玄想的倾向。”（原书第53页）也就是说，它“是某种与任何道德的、宗教的和哲学的见解完全无缘的，技术上因循沿袭的产物”②。一句话，它就是巫术和魔法。“在这种情况下”亦即佛教之作为完全无玄想的瑜伽的情况下，“始于《大品》③而至佛音④论师为一段落的小乘佛教还存

① 相似的这种（贬损原始佛教）的倾向也可见于A. B. 凯思（Keith）的著作《印度和锡兰的佛教哲学》（*Buddhist Philosophy in India and Ceylon*，牛津，1923年），其中佛教被描绘成“野蛮时代的产物”（第26页），佛陀是“琐碎的鄙俗的魔术师”（第29页）；佛教哲学的观念被说成缺少“系统性和成熟性，缺少大乘的否定主义中历史地反映出来的事实”（第4页）。

② 持类似意见的还有：1. H. Beck, Der ganze Buddhismus ist durch und durch nichts als yoga, *Buddhismus* Ⅱ, p.11. 2. Lehman, *Buddhismus*, p.49. 3. N. Soderblom, La vie future, pp.397ff. 4. Fr. Heiler, *Die Buddhische Versenkung*, pp.7ff. 他们都多少属于神秘主义者。他们都想象自己在佛教当中发现了某种完全投合自己的激情的东西，在他们看来，佛教神秘主义与基督教神秘主义是没有区别的（见Heiler的书第51、61页及以下和第66页）。浦山之认为佛教与瑜伽是一码事的看法似乎出于另外的感受，所以他将佛教转变成了巫术。

③ 《大品》指Mahāvagga，律藏之一，是有关僧尼戒条的集录。它对僧伽集团的日常生活所涉及的衣、食、住、药等事务、仪式作法、僧团对外的义务与责任、惩戒忏悔的方法都有详细规定。这些法则是佛陀在世时就经常进行的教诲，也是三藏中最古老的部分。奥登堡（Oldenberg）：《大品》Ⅹ—Ⅺ；李斯·戴维斯（Rhys Davids）：*SBE*，卷13，第10页及以下；克恩（Kern）：《印度佛教手册》（*Manual of Indian Buddhism*），第1—2页；立花俊道所译《南传大藏经》（国译本）卷3。

④ 佛音（Buddhaghoṣa，约400—500年），亦称佛鸣、觉音。他是南方上座部佛教学者，印度婆罗门出身，早年皈依佛教，后至斯里兰卡，将僧伽罗文的经律注释书系统地译为巴利语。其主要著作有《清净道论》（*Visuddhimagga*），为把握南传上座部学理的重要书籍。文中此处以戒律《大品》为小乘佛教之上限起点，又以佛音为完成期之下限。——译者

在吗？换句话说，它是一种几乎不掺杂任何异成分的瑜伽”①。

在此我们冒昧地说两句：如果印度哲学中一个尽人皆知的概念，一个基本的、在其每一个可能在细节上都被加以彻底发挥的概念，一个全部学说体系均以之为宗领归依的概念，显得尚且如此晦涩而且不确定，那么要想理性地讨论印度哲学真可谓是令人绝望的了。瑜伽被定义为集中的思虑（samādhi，三摩地），或者是指注意力被集中到某一点（ekāgratā，心注一境）。同时始终坚持于其上（punaḥ punaḥ cetasi niveśaṇam，反反复复地使心集中）。
7 瑜伽是禅那（dhyāna，禅定）和奢摩他（samāpatti，等至）的同义语，后二者的意思是相同的。②依据梵文的特殊性③，所有这些

---

① 浦山于此竭力使读者相信，他本人同塞纳特是一致的，仅仅是其理由稍异。就我所知是这样的：以往佛教的根源被寻求于奥义书的观念或数论的思想。塞纳特先生告诉我们（*R.H.R*, Vol.42，第345页）（佛教）与波檀迦利的瑜伽吻合之处更多也更引人注目。尽管波檀迦尼的这部书现在已被（雅各比教授，参见：*J.A.O.S*，31, pp.1ff.）证明晚于塞纳特假定的时代更久，因而它本身是受佛教影响的，但塞纳特所指出的多处吻合也是确凿的、任何人都无从否定的事实。在此意义上，可以补上这么一句话：瑜伽系的观念也渗入了其他的印度学说系统。塞纳特的主要成果（见其书第364页），我理解显示的是前佛教的状况。

② 《瑜伽经》第二之29及第三之2—4、11等偈颂中设定了这些术语的细微区别，J. H. 伍德（Woods）教授将它们译为：“注意力的单一化；沉思冥想和专注。”瑜伽则被定义为“对精神力之动摇的抑制”（同书之第一之2），这些正好显示了瑜伽系统的特征。姊崎和高楠两位教授的《宗教伦理百科全书》之“禅”的理解，samādhi被说成是结果，是阿罗汉果位，而dhyāna是手段之一。但这种说法与《俱舍论》是矛盾的，该论中第八之1将samāpatti-dhyāna与upapatti-dhyāna相区别，前者意为“等至禅定”，后者为“能生禅定”；前为集中（思虑之过程），后为在神秘世界中之存在态。samādhi之具有一般的含义可以从它在心大地法中的位置看出，在那一组中，它被定义为“心一境性”。参见拙著《佛教的中心概念》，第100页。现世间的专注冥想如果与生于想象中的更高的永恒出神状态相对照，那么，前者一般用sama-āpatti=snoms-par-ḥjug-pa（等至），后者则为upapatti（能生）。参见下文中室利罗多（Srīlābha）的看法（第14页）。

③ 任何从梵语动词派生出来的名词，都会具有目的格、工具格和位置格（于格）的意义。——译者

术语都在使用时同时具有目的格（karma-sādhana，业格）、工具格（karaṇa-sādhana，具格）和位置格（adhikaraṇa-sādhana，于格）的意义。因而瑜伽和三摩地或者意味着集中了的思想本身，是一种心理状态；或者这同一个思想，是达到创造此心理状态的方法，或者它是此状态得以产生的地方。它经常在后一种意义上使用，用以称名那神秘的世界，其中的居住者享受着永恒的法悦。就术语而言，它称作samāpatti（等至）。这适用于所有的八个神秘的存在界（八胜处），凡其中的居住者都是生就的神秘者。在这个意义上，此术语是与具粗重身体和肉欲的世界（kāma-dhātu，欲界）①相对的。这一世界中的居住者所具的思想是散乱的、混乱的。这是该术语更普通的含义。在更特殊一些的含义上，它只适用于四个最高的存在界，即非物质的世界（arūpa-dhātu，无色界）②。这样它便与四个神秘性较低的世界相对待，而后者特别地被称作四禅③。samādhi一词又有一般或特殊两层含义。它可以指通常的集中思虑的能力，或者指修习所得的发展了的集中力。从而它也就

① 佛教宇宙观中的三个层次之一。欲界为最低者，其上依其精妙程度有色界和无色界。在欲界中凭宗教实践摆脱粗庸物质束缚的禅定方式可分为八个层次，即通常所说的“八胜处”。参见《大智度论》卷21。——译者

② 这是三界中最高的精神存在界，亦可称境地。其中的四个阶次称为四天，即空无边处（ākāśā-antyā-yatana）、识无边处（vijñānanā-nantyāyatana）、无所有处（ākiñcanya-yāyatana）和非想非非想处（naiva-saṃjñāsaṃjñānā-yatana）。——译者

③ 从作者在正文中对梵文动词派生语的分析看，“四禅”既是心理状态，也指因修行达到的精神境界。“四禅”即初禅、二禅、三禅、四禅。行者修四禅，死后可以生于色界四禅天。初禅可对治寻（觉）、伺（观）这两种粗细心理活动；二禅则建立信根；三禅则舍去二禅所获喜乐，得正念正和；四禅舍三禅喜乐，唯念修养功德，名舍清净、念清净。参见《俱舍论》卷28、《长阿含》卷8等。——译者

变成了可以使禅定者进入更高境界并完全改变生命状态的神秘力量。瑜伽通常是在后一种含义上使用的，但这并不等于说它与在三种含义（yujyate etad iti yogaḥ, yujyate anena iti yogaḥ, yujyate tasminn iti yogaḥ）[①]上使用该词的梵语的精神有什么不协调。如果有什么要抱怨的，我看并不是这个术语的含混模糊，倒是因为这一观念能够详尽而细微地分析出精确的差别含义来。ṛddhi（神通力）这个术语可以指超自然力量，但当譬喻性地假设集中专注会
8 产生超自然神秘力量时，所言及的可能是前者（指集中），而不是后者。经句中的上下文总是会向老练的读者显示出真正用意所指。

佛教关于瑜伽的教说，非但不是鄙俗的巫术魔法，（在我看来）它包含着哲学史家不仅不能忽视，而且应该充分重视的哲学建构成分。

它的基本思想是这么一个事实：集中于一点的冥想将被引导至某种寂静状态。与冥想习定的人相对立的是活跃的人。从而生命被分解为构成性的不安定的元素（saṃskāra，行）——按照某种见解，这些元素前后随逐并最终经贬损而归结于寂静和止灭。

人格之我（补特伽罗）——其他的学说体系以为有一种永恒不灭的精神原理存在于它中间——亦即灵魂。它实际上是一类元素

---

① 与此相似，由于不懂saṃskāra（行）的双重性格，因而不能充分领会其含义，以致引起理解上的混乱。须知，行，一方面是一种力，即saṃskṛi-yate anena（由是而作）=saṃskāra（造作）=sam-bhuya-kāri（共同作）；另一方面，它是结构元素，即saṃskṛiyate etad（此为所作者）=saṁskṛta dharma（有为法，变易的元素）。译者补注：意即被专注者自身即瑜伽（业格），由此而得专注是瑜伽（具格），于其中行专注也是瑜伽（于格）。

或力（saṃskāra-samūha，诸行之聚，造作之力的集合）以及一系列思想之流（santāna，相续）。它并不包含任何恒常不灭的或实体性的东西。这便是无我（anātma）的观念。按照极端多元论的一般观念，这意味着个人的精神部分是由分离各别的元素（dharma，法）组成的，就像人的生理框架是由极微原子组成一样。[①]这些构成性元素尽管分离各别，但它们由因果性法则维系在一起。此法则即hetu-pratyaya（因缘）。元素中有些是俱时出现的，它们是俱有者（sahabhū，相互从属的，相互依持的；俱有因），或者，它们是前后相继的刹那，从而它们是均质性的（niṣyanda-phala，等流果）；它们构成了短暂瞬间的链条（kṣaṇa-santāna，刹那相续）。因此，因果法则又被称为"相关性地同时性地生起"的法则（pratītya-samatpāda=pratītya-samutpāda，相依缘起或缘起）。个体生命中的每一特定瞬间（刹那），其精神的构成元素的数目是不一样的。这点也许非常重要，因为尚未成熟的眠伏的那些力也被认为是实际上存在着的。这种情形甚至招来了经量部的嘲笑，后者认为，在单一的刹那中，不可能真正地存在如此大数量的分离各别的构成元素。[②]不过，它们中有些元素是恒常性的，永远存有

---

① O. 罗森堡（Rosenberg）教授在其《佛教哲学问题》(*Problems of Buddhist Philosophy*）——此书已由他的寡妻从俄文译为英文（海德堡，1929年）——中详尽解说了分离的构成元素的理论；我在《佛教的中心概念和法的意义》（伦敦，1923年）中也有说明。

② 《俱舍论》称友释第二之40计算，如果第一瞬间有27法现有，则第六瞬间含有486法，如是等等，ityananta-dravyā (prāṇinaḥ) pratisantāna-sārira-kṣaṇe bhavanti（故而，众生的相续身体之一刹那中具有无数实体）。世亲说，如果这些构成元素是有形质的材料（resistent stuff），那么整个宇宙都将没有足够的场所来容纳它们了。

9 于每一刹那；而另外一些元素似乎只出现于特定的状况下。有十种不同的力[1]被假定为始终是现有的。它们被称作普遍的力（citta-mahā-bhūmika，心大地法）。在它们中，我们发现有高度集中的注意力，即三昧和瑜伽。它们的道德性质是中性的（非善非不善的）。除它们之外，还有一定数量道德性上属善的或一定数量不善的力。但是，那结合于同一刹那中的构成元素，不但数目不同，就是在强度上（utkarṣa，上生，增进）也是有差别的。就某一特定的个人而言，在某一特定时间，会有某一特定元素占优势；而在另一特定的个人，或同一特定的个人的另一时间，又会是别的构成元素占优势。[2]

在持续的现有的构成元素之中，有两种尤其珍贵的元素，如果提供使其充分发展的机会，它们就会变为主导性的并且改变个人的性格及其道德价值。它们便是识别分析的能力（prajñā，般若）以及集中思虑于某一点上从而排除所有其他的扰乱性的考虑或念头的能力，这便正好是三昧或瑜伽。这样的构成元素可能完全没有发展起来因而并不引人注意。从而般若便称作慧（mati），但它是同样的力。凡夫的生命受到作为般若的相反一面的无明（avidyā）的支配。无明与般若正相反对，而不是仅仅缺乏后者。一个分离的构成元素可以并且实际上在所有凡夫身上，同时与其眠伏的智慧力共同存有。但它并非一种持续的恒久的力，它是可以抑止的（prahīna，

---

① 参见拙著《佛教的中心概念和法的意义》第100页所附的范畴表。

② 相应地，我们有说“我记忆”“我想”“我希望”，但这绝不意味着在我希望的那一瞬间我没有想，或在我记忆的那一瞬间我没有希望。每一瞬间的整个大脑被认为是由心的原子团、由力（saṃsāra，行）或构成元素（dharma，法）所组成的。

舍），并且从心的流动（相续）中完全抛弃掉，实现了抑止或舍，心之相续也就成为净化了的或圣化（ārya）了的。

于是，人类的道德法则、道德进步以及道德培养被认为是其意识之流（santāna，相续）中的善（kuśala）之高尚的力与恶（akuśala不善）或污染倾向之间的斗争。既然这些构成元素被假设（ex hypothesi）为分离的瞬时性的，那它们就不可能真正地相互影响。尽管如此，由于污染性的无明和别的扰乱性质的存在，使整个（意识的）流动成为了不净的相续之流。所有一切构成元素都是不清净，甚而最核心的元素，纯的意识或纯然感知（vijñāna，识）也受到了影响（kliṣṭa，染污、不净；sāsrava，有漏）。从而 10
相续存在的元素或是在圣者中完全纯净的，或是在凡夫那里成为染污了的。为说明这一事实，佛教徒设想了一种特别的因果法则（sarvatraga-hetu，遍行因）[①]。

在所有佛教国家，都有这么一种深刻的信仰：那高尚的理想的力终归会取胜[②]。这已经构成了这种学说不可分割的一个部分。那污染性的力（kleśa，烦恼）分为两类，因为其中一类可以

---

① 参见《俱舍论》第二之54、57，第四之9，第五之12。译者补注：一切烦恼的原因亦即根本烦恼，它是异于因果时序的（超因果关系的）因。此外的烦恼（惑）称非遍行惑。

② 这实际上是以后形成的关于成佛的可能性问题，也就是佛性问题。一般说来，所有大乘佛教（北传佛教）国家都肯定了众生成佛的必然性，也就是由染而净的必然过程。当然具体的理论各有细微差别。关于佛性的争论分为“悉有佛性”或“五性各别”两家。《大般涅槃经》显然主张“一切众生，悉有佛性”。世亲《佛性论》说有三佛性：自性住佛性（众生先天具有）、引出佛性（众生修行所引发）、至得佛性（达佛果而圆满显示）。天台宗讲五佛性：正因佛性、了因佛性、缘因佛性、果佛性、果果佛性。法相宗讲理佛性与行佛性。——译者

凭内心领悟，也即凭理性加以矫正，而另一类则由专注获得的定力来根治。前一类称见道所断（drṣṭi-heya），后一类称修道所断（bhāvanā-heya）。[①]这是非常自然的，甚而可说是司空见惯、不足为奇的事实：我们的一部分缺点乃至罪恶可以通过知识铲除，另外一部分则通过专注的观想来克服。但是这（思虑）集中的力，如果充分得以发展，便会有更大的能力产生。[若三摩地达到圆满境地，它便在构成个人的诸构成元素集束（saṃskāra-samūha，行聚）中成为了占主导地位的元素。于是三摩地这一术语可以用来称呼这个构成元素及其相随者，从而它便成了五蕴中之个人的同义词。][②]之后它便成了神秘的力。它可以使生命完全停止，这是解脱道路上最后的，也是最具决定性的一步。它也可以将个人转移到更高的存在界。于是他便再生或转到以太一样微妙（accha，离染的，离苦的，清净的；bhāsvara，光辉的，光明的）存在态。[③]身体的世界转生到纯净的物质界（rūpa-dhātu，色界），或转生到纯粹精神的更高的境界（arūpa-dhātu，无色界）。

于此我们放弃了实在的基础，进入了神秘者的世界。按照这种观点，存在被分为相异的三个层次[④]。这种区分法实际上包含了两重世界，即神秘的（samāpatti，等至之力所及的两界，即色界和无色界）以及并不神秘的存在界（欲界）。后者就是我们生活其中的这个充满肉欲的粗重世界（kāma-dhātu）。欲界实际上包括地

① 参见《俱舍论》第一之40。
② 参《俱舍论》第八之1。发展了的“般若”同样也可以如是使用。
③ 参见《俱舍论》第二之12。
④ 指欲界、色界和无色界三者。——译者

狱、人间及较低层的天（其中生存着按人类方式享乐的天神）。于
此境界中天神的地位无论对佛教还是耆那教而言，都是特有的有
情众[1]。从道德意义看，这些神并没有优越的身份。出于伦理发展
和解脱的目的，人类的地位还要更可取一些。从技术上讲，欲界 11
天神代表了所有十八界元素的集合。[2]这些神当中尚没有一种因瑜
伽而被引至完全静止的。他们充满了情欲，如果说他们优越于人
类，那并不是因为其德行，而是因其超人的力量。[3]神秘的世界又
分为两类，其中的居住者具有以太一样微妙的身体，以及完全不
具有物质性的框架结构。专注的力（三摩地、瑜伽）在此占据了
突出的支配地位，成为了核心的构成元素。想象力又在欲望的神
的天以上构筑了一系列的神秘界。它们严格地对应于修定的神秘
者渐次达到的，或被假想要达到的各个程度的出神态。纯粹精神
的境界（arūpa-dhātu，无色界）有四层次。这一境界中四天的居
住者都消融于某种独特观念的冥想（samāpatti，等至）之中，或

---

① 耆那教的神分为四众（catur-nikāya）。第一众为天宫住神（bhavanavāsin），第二众为中间住神（vyantara），第三众为星光神（jyotiska），第四众为空行神（vaimanika）。此四类分别领摄多种神。这些神依其精神纯粹性程度依次从最高的天逐层排列。这与佛教的用意是一样的，所强调的是摆脱物质而趋向精神的单纯性。参耆那教典（Umāsvāti）中的《真实证得经》（*Tattvārthādhigama-sūtra*）第4章（日译本有铃木重信之《世界圣典全集·耆那圣典七三》第73页及以下，发表于《印度精神文化研究》第139页之金仓圆照的日译《真实证得经》。——转引日译本注

② 十八界指六根、六境与六识。欲界中六识俱存，色界之初禅天仅有眼、耳、身、意四识。从第二天至有顶天仅有意识存在。——译者

③ 不过在较高层次的这些有色欲的神与较低层次的相比，道德性要纯净一些，它们逐步上升最终也达到出神的享受法悦的境界，具有更高的道德水平。参见《俱舍论》第三之70。

是关于空间的无限性的观念，或是思想的无限性的观念，或是关于睡梦中半意识态的观念，或是关于虚空的观念。它们几乎都属于某种强直症（catalepsy）的状态，意识在这种状态下是凝固了的。以
12 太微妙身的世界也有四个层次，正好与最初的四种禅定[1]相应。

然而，我们物质结构的世界由十八种元素构成，其中有四种是以太微妙身的世界（准精神的世界，色界）所没有的。即香、味两种感觉材料以及相应的两组感知（鼻舌二识）并不存在。这是因为此界中的生物不再需要食用、咀嚼及吞咽任何固态的食物。[2]它们的营养物纯是精神性的。显而易见，这里的想象是以此事实为依据的——当修定的神秘者深陷于冥想状态时，他全然不以食物为意。因此，舌头与鼻子的感觉材料丧失了存在的理由。它们由于修定者的瑜伽之力而完全消灭了。但是生理的器官，舌与鼻仍然存在。因为倘若缺此二者，肉体形式会是很丑陋的。所有的形体是美丽的，没有人有任何残缺。他们的视和听的能力是无限度的，他们有千里眼（divya-cakṣuḥ）和千里耳（divya-śrotram）。[3]他们的触觉感受同修定的神秘者的升浮感产生的特有的身体之柔软和轻快（prasrabdhi，轻安）舒适感是一样的。他们

---

① 色界四禅天（caturdhyānabhūmi）亦称四静虑天，四生静虑即：a. 初禅天，已不食人间烟火，已无鼻舌二识，但有眼、耳、身、意四识所生的喜乐二受及寻自思维能力。b. 二禅天，更无眼、耳、身三识，无寻同思维，唯存意识与喜受及非苦非乐受（亦称舍受）相应。c. 三禅天，唯有意识尚在活动，与乐受、舍受相应。d. 四禅天，唯有与舍受相应之意识活动。每一禅天中又各含十六天或十七天。为了对应，因而各相应地被称为第一、第二、第三及第四禅境。——译者

② 参见《俱舍论》第一之30，第三之39。

③ 一位蒙古喇嘛这么对我描述，说他们有望远镜和电话。

的运动因而也是极其轻捷美妙的。但嗅觉与味觉能力完全没有了，因为他们的食物是非物质的。他们也不再需要衣服①，他们生下来便有轻妙的终生不坏的以太状的覆蔽物。他们也不再需要住房，每一新生的（色界中的居民）都由于以往的业而自然获得现成的房子。性的现象也是精神化了的。身体上已没有性的生殖器官。这并不意味着肢体残缺。粗陋的性的情欲已不复存在，但也不是完全的毫不动情。他们的感受是精妙的。任何此界中的新生命一开始就摆脱了痛苦与污垢。新生儿并非出自女性的子宫，而是自己产生的（upapāduka，化生）。那些刚巧离它出生处最近的便是它的父母。②在这样的一个社会，当然也就没有必要存在政府③，因为这里已经没有犯罪，没有粗鄙的欲求。完全没有了欲求（烦恼）意味着完全没有暴力侵害，而这若依印度人的观念，便会停止生命，也就是涅槃。不过，所有的感受都有温和的形式，仇恨则完全是没有的。其他的感受则表现为持中的（nivṛta-avyākṛta④，有覆无记）。⑤

---

① 参见《俱舍论》第三之70。另：此一大段在玄奘译《俱舍论》卷2之分别界品第一之2，参见《大正藏》卷29，第7页中及下。——译者

② 参见《俱舍论》第三之71。

③ 参见《俱舍论》第三之98。

④ 有覆无记与无覆无记相对。无记指某种心或行为没有善恶属性，有覆则指与烦恼有关，并且妨碍修习佛道。《成唯识论》说有覆为“障碍圣道，隐蔽自心”。有覆无记心指虽无善恶，但仍有污染性质。——译者

⑤ H. 克费尔（Kirfel）教授在其著作《印度的宇宙论》（*Die Kosmographie der Inder*，波恩，1920年）中详细列举了佛教诸天及其居民（参见第190页及以下），但只在第198页上涉及四等至时才提到了它们与瑜伽冥想的出神程度之对应关系。也请参见B. C. 罗的《天堂与地狱》（*Heaven and Hell*，加尔各答，1925年）。

描绘上面图画的人——无论他是佛还是别的什么人——其想象活动都显然受这样一种思想的指导：体力劳动是对人类的诅咒。所以才想象了这么一种状态——其中并不需要从事劳动，因而衣、食、住三者都可以自然满足。人类其他的卑贱特征、粗鄙的欲爱都根本消除了。因而，在构成世间的一切人类行为的三动机——财富、爱欲和责任[①]——之中，仅仅剩下了最后一项仍然在修定的神秘者的世界中起作用。但是此界的居民中并无绝对的平等。这里仍然有高尚的和平凡的品格差异。偶尔此界中仍会出现凡夫（pṛthag-jana）的品质。最低限度仍有不同佛教派别在为此问题争吵。[②]关于此界中情景的描写细节引起了很大的争论，直到今天，我们还会碰到寺庙僧侣们在极起劲地为某些基本说法争吵不休。

阿毗达磨论书讨论了这样的问题：究竟再生于神秘的世界[③]是不是获得该世界的超自然力的必要条件？究竟有没有可能虽生活于此世间，即在此粗重身体的境界上而获得（色界的）神通力？

---

① 即artha、kāma、dharma（利、欲、法）三者。——译者

② 犊子部说明这样一个事实——一个人哪怕达到了最高的境界，其作为圣者的阿罗汉位有时仍会蜕化，重新成为凡夫，这是因为哪怕在圣者的状态中，他仍然保留有眠伏状态的某些凡俗之人的成分（prthagjanatva，凡夫性），而并未得以根本清除。参见《俱舍论》第一之40，第二之40。译者补注：犊子部为传统上座部佛教之一支，属所谓小乘二十部派之一。佛灭后三百年从说一切有部中分出（约公元前1世纪），它既反对五蕴有我说，也反对五蕴无我说，声称五蕴与我是不即不离的关系，即所谓非即蕴我非离蕴我。这一主张受到有部等部派的批判。我国佛教的华严宗称之为我法俱有宗，贤首大师对它有所批判。

③ 指色界诸天。——译者

我们得到的答复如下[①]： 13

> 有生在此具粗重身体境界（kāma-dhātu，欲界）之世间的，也有别的生在第一、第二以及更高的微妙身的世界（prathamadhyānādi，初禅天）中的。他们都具有身体、视感官（眼根）及相应的可见对象（眼色）。分别相当于汉译佛经中之身、眼、色。[②] 身体、眼睛及对象应该属于同一存在界，这是一条必然规则吗？或者这样的生存者，其眼根与眼色属于另一个与身体所在的世界不同的存在界面上？我们答复，一一有情具有不同的元素组合方式是完全可能的。
>
> 如果某一生在世间（欲界）的人，以其普通的眼根观察他周围的所缘对象，则所有三种元素（身、眼、色）都属于相同的存在界。但如果此人获得了那标志第一级出神界（初禅天）特征的神秘的视力（指初静虑眼），则三种元素（身、眼、色）的组合便会有改变。身体及周围的所见对象同此前一样，仍旧不变，而视觉（眼根）及其相应的感知（眼识）将属于那第一级出神界（初禅天上）特有的存在状态。不仅如此，如果他达到了令所有对象（眼之所缘色）也改变的神秘的专注（思虑）程度，那么，身体虽仍在世间（欲界），其眼根、眼识以及外部世界便都成为了（修定之）得

---

① 据《阿毗达磨俱舍论》第88页之14至第90页之7（载《佛教文库》卷20，*Bibliotheca Buddhica* XX）之内容缩写。参见浦山之《俱舍》法译本第54页及以下。

② 参见玄奘译本《俱舍论》第一《分别界品》。——译者

神通者的……这个人，虽仍然居于粗重肉体的存在界，却可以获得第二乃至更高的境界特有的视觉能力（眼根）。同理，依据上面所说的设想，很容易得到相应的不同组合情况……此外，如果第一级神秘界（初禅天）中的居住者以其自身的眼根观察周围的感知对象。那么所有这些元素都属于他那个存在界面。但如果他往下看更低的存在界，那么他的眼根、身体及感知（眼识）仍然还处在他本来的存在界面，尽管其感知对象显然还在另一存在界。属于第一级神秘世界（初禅天）的居民，也可能获得第二级神秘世界特有的视觉能力，如是等等。与此相应的不同组合情况是容易想象到的。

不过，这里有一条限制。视觉能力（眼根）不可能较身体所处的存在面更低（不会有身在微妙的色界，而具有欲界的粗鄙眼根的事），但粗重的身体却可具有更高的神能能力。凡夫若具有普通的眼力并不会了知更高级的世界，但更高存在界的居民完全可以了解粗鄙存在界中发生的事——只要他乐于作这样的了解就是了。眼根这样的视觉器官（它是与具体的身体相联系的），可以既活动于它所属所在的存在界，也可施展于更高级的存在界，但它绝不会下降到较低的存在界面上。然而，可见的眼色对象以及眼识感知，或者属于其身体所在的存在界，或属于更低的存在界，但绝不会属于更高的存在界。同理，对听觉感知活动而言也是这样。至于触觉、嗅觉与味觉等，它们都只能处在与其身体所在相同的那一级

> 存在界面上。[1]

以上这些缜密的思考有助于我们理解佛教对个人自身统一性的否定和驳斥。在一个人格中集合起来的分离元素甚而属于不同的存在面也是正常的事。由实际的观察所推定，再借助想象，所有这些构成元素被转移到了一个更高的存在界。它们依据同样的进化法则，依据由分析事实而确定的关于生命冲动（élan vital）或业的法则，随变化了的环境进而组合起来。哲学的工作在这里像是数学的计算，如果针对生存的必要条件而假设减去某些项目，例如，逐一去掉本来必需的食物、衣物和住房等，那么每一有情所依据的生存内涵会发生什么样的变化，导致什么结果呢？这一点，阿毗达磨论书中有清楚的讨论[2]： 14

> 已经确定十八种构成元素（dhātu，界）相互配合，构成了所有三个存在界面中的生命。[3]进而有人问道，在粗重身体的世界有多少构成元素配合？在以太般微妙身的世界中有多少构成元素配合？在精神的世界中又有多少构成元素配合？

---

① 《俱舍论》第52页之2至第53页之8缩写（《佛教文库》第20卷）。参见浦山之法译本第54页及以下。另可以参考玄奘所译《俱舍论》卷2分别界品第一之2末尾。见《大正藏》卷29第12页下栏至第13页上栏（略为12下—13上，以下注中所引同此例）。大意其本颂为："眼不下于身，色识非上眼。色于色一切，二亦身亦然。如眼耳亦然，次三皆自地。身识自下地，意不定应知。"——译者

② 据《俱舍论》第52页之2至第53页之8缩写（参见《佛教文库》卷20及浦山前所引书第54页及以下）。

③ 参见拙著《佛教的中心概念和法的意义》，第97页之范畴表。

答复是：第一级世界中有十八种，第二级有十四种，第三级只有三种。所有十八种元素在粗重身体的欲界内组合成生命。“它们组合起来”，意思是同该世界不可分离。它们构成了此世界。在微妙身体所在的色界，香与味的物质材料，连同相应的对香与味的感知（vijñāna，识）都已经不存在。其已经不再摄入物质性的食物（kavali-kāra-āhāra，为食而食的东西，即所谓段食[①]）。具微妙之身的色界生存者不需要此种食物而生存，他们对段食也毫无欲想。他们也就没有鼻根的和舌根的感知，因为鼻与舌的对象——那含有芳香美味的食物——也都不存在了的缘故。[②]

反驳：如果这样，这些世界中也应当不再有触碍性的物质了？因为所谓营养性食物不也是触碍色的一部分吗？

答复：那并非食物的一部分触碍色还是存在着的。

反驳：芳香和美味物质都仍然存在着。（它们中的一部分不正是食物吗？）

答复：支持感官，支持身体以及被覆身体，都必须有触碍性的物质材料。但对芳香美味的材料来说，没有这种必要性。因为此界中已经没有触碍性的食物。因此，既然没有了求此食物的本能欲求，相应也就不再有这样的物质材料（触碍色）

---

① 段食，切成片段而食的意思。这是玄奘的译法，指极粗重的欲界食物。——译者

② 此段大意可参见奘译本（见《大正藏》卷29，7中—下）。其文如次：（偈颂曰）“欲界系十八，色界系十四。除香味二识，无色系后三。（论曰）系谓系属，即被缚义。欲界所系具足十八；色界所系，唯十四种，除香味境及鼻舌识，除香味者段食性故。离段食欲方得生彼，除鼻舌识无所缘故。”——译者

（换言之，无欲求便无造作，无业亦无色质生。）因此理由，若有人再生于这些出神的世界，触碍性的色质便会是不一样的存在状况。

室利罗多[①]的意思：如果世间有某人凭修定所得的神通之力达到了享受法悦的出神状态，他仍继续可以见到色、听到声，其触觉也仍可以被某些特别的物质材料唤起舒适的感受。（在这三种情况下）他都会在身中产生高度的轻快感（prasrabdhi，轻安）[②]，而并不需要香与味这两者。因而，若有人再生于能享受法悦的世界（静虑处），前三种感觉材料相俱应有，但香味二者并无。[③]

由上一段可以看出，在微妙身存在范围内的生命状态，被假想是通过个人的神秘体验而转移到与自身不同的存在面上去的。

接下来的一段非常有趣。它是对被称作"业"的自然驱动力的讨论。这里所谓的"业"，相应于我们进化演变过程中的生命冲

① Śrilabha或Śrilāta，与鸠摩罗多（Kumāralāta）和罗摩（Rāma）同为经量部三大论师。《俱舍论》中此处引述了室利罗多的说法。——译者

② "轻安"属有部十大善地法之一，由修静虑而得，是一种安适轻快的心理状态。——译者

③ 此上几个问答在《俱舍论·分别界品》第一之2中，奘译本大致如下："若尔，触界于彼应无，如香味境段食性故。彼所有触非段食性，若尔香味类亦应然。香味离食无别受用，触有别用持根衣等。离彼食欲，香味无用；有根衣等，故触非无。有余师说，住此依彼静虑等至，见色闻声，轻安俱起，有殊胜触摄益于身。是故此三，生彼静虑，犹相随逐，香味不尔，故在彼无。"——译者

动（élan vital）的观念①。

按照某种严格的法则并依据相应的必要条件，业在粗重身体的存在界（欲界）上，也在想象力依据瑜伽体验而构筑的存在界（色界）上，作出相应的细节描述，并各随其类地（mutatis mutandis）生出种种形态的有情生命体。

这便是小乘佛教的瑜伽理论。它与大乘佛教的类似理论有较大的差别，后者可以说具有完全不同的哲学基础。所有的印度哲学体系中，为帮助修行者的专注思虑，让他们内心视点集中在某一点上，其推荐的手法多多少少都是相似的。这中间佛教也并不例外，其方法也大致相同于别的教派②。所有这些专注（思虑）的禅定法，其底层的心理事实都是非常单纯的③。当系统地实行这些

---

① 如果对于业这一术语的误译引起了什么混乱的话，那显然可以从浦山对《俱舍论》第二之30（第56页上）这一段的翻译看出来："Quelle est la cause de la naissance d'un organe, sinon un certain acte commondé par un désir relatif à cet organe（一种感官产生的原因，如果不是与此感官相关的某一欲望所支配的具体行动，那会是什么呢？）"这段译文只能表示这样的意思：以往有一个时候，彼时某人显然没有此感官或根本无感觉，但他表现出这么一种欲望，希望有此感官并随后采取行动而造业。然后，所有的人没有感官而平静生存着的有情众生，一下子都有了感官！无怪乎当印度哲学穿上这么一套衣服时，便会失去任何吸引力。关于佛教业的说法，请参见O. 罗森堡的《佛教哲学诸问题》第16章。

② 参见海勒尔前所引书。追随李斯·戴维斯的说法，海勒尔认为（婆罗门教的）瑜伽主要具有体操性的和催眠术的倾向，而佛教的冥想方法是理智性的、伦理性的。对此说法我不敢苟同。这方面如果有什么差别的话，那也是可以忽视的。海勒尔出于他佛教徒的热忱，显然忽视了婆罗门教的瑜伽术中对神的虔诚。按照S. N. 达斯古布塔（Dasgupta）教授的描述，瑜伽明显具有纯洁道德的作用。参见达斯古布塔：《波檀迦利研究》（*The study of Pātañjali*，第142页及以下（加尔各答，1920年），也可见他的其他著作。

③ 已故罗森堡教授曾在日本禅寺中修习过禅法。他曾把修禅所得的轻快感比作演奏音乐所得的感受。从而你的注意力得以固著，一种轻松的出神状态使你忘却所有生活中的烦恼。日本的武士在上战场之前通常要在禅寺中作瑜伽禅定的练习。这对其心理状态有很大的影响，可以提高他的勇气和耐力。

瑜伽修定方法时，便会引至某种特别的神秘的心理状态。波檀迦利是依据他的数论哲学原理来说明瑜伽的。小乘佛教解说其瑜伽静虑的方式则符合其极端多元论的学说体系，即是说，在确认其分离各别的构成元素理论的前提下，引导修行者渐次地熄灭诸元素并最终进入涅槃。佛教中最有特征的是它关于天界或天堂的理论。在天上，在其中间的或较高的阶级上，住着想象中的生存者，他们也称天神（或仅称为“天”及“天女”），但实则不过是生于该存在界的修定的瑜伽士，在其内心享受着禅悦的自然结果。这是佛教区别于所有其他宗教或哲学体系的地方。①这一点又同小乘佛教的涅槃观念，即所谓声闻的涅槃（Nirvāna of the Śrāvakas）即阿罗汉之涅槃，是分不开的。按照某些外教派别的主张，被享受到的法悦之最高出神状态，是永恒不变的（asaṃskṛta，无为的、非迁流的），就是说，它们与涅槃完全一样。②但对佛教这样的新宗派来说，涅槃甚至远远高于这样的出神态。它是生命的绝对极限，其中甚至已经熄灭了哪怕最为稀薄的意识残余，而在一切可以想象的享受法悦的最高出神状态中，总还有哪怕些微的意识。 16

① 非常有趣的是，我们可以看到，伊壁鸠鲁著作中的诸神也是沉静的、安详的，而且他们也有特别的极微（原子）结构的微妙身体。

② 参见《论事》（Kathāvathu）第四之4。瑜伽行派同样也把这种最高的出神状态放在无为法（asaṃskṛta）中。译者补注：《论事》一书为阿育王（公元前3世纪下半叶在位）时的目犍连帝沙长老（Moggaliputta Tissa）主持所撰之佛教学说的批判性综述。它从锡兰（今斯里兰卡）南方上座部立场出发，对世尊寂灭后的部派分裂历史以及各部派之主张进行了归纳和解说，这对理解有部《大毗婆沙论》《异部宗轮论》及历史上诸部派教义都是极重要的参考书。《论事》有日译本（佐藤密雄、佐藤良智译，收入国译《南传大藏经》卷57、58）。

第三章　神秘的直观

除了上面描述的有关瑜伽的一般活动，瑜伽还有另外一种特别的功能。它揭示了瑜伽在主观方面的存在内容。借此瑜伽力而出现的是对宇宙真实状况的一种神秘直观。佛教的圣者（阿罗汉）被认为在获得神秘觉悟的一瞬间，可以一下子直接感知关于粗重肉欲的（欲界）及神秘的色界在内的整个构造，其清晰和生动有如眼前直接所得。作为一种心理过程，无论大乘或小乘对此都同样给予了说明。但关于两界的具体内容，即在豁然觉悟的一瞬间所呈现出的图景，大小乘两种学说则各不相同。这是因为两种学说有各自不同的中心理论的缘故。小乘学说讲的是多元论哲学，大乘的中心概念则是一元论的见地。后文我们还会讨论这种差别。就拿顿悟的理论来说，尽管觉悟可以是顿然的，但一定需要有准备阶段。圣者在经历了漫长的道德修养并仔细地研读了佛教哲学结构的所有细节之后，在他获得豁然开悟的刹那以前，他只是努力从理论上去理解与把握那一切诸法真相。而在顿悟的一瞬间，全体实在一下子呈现在他面前，而且还带有活生生的真实性。从此觉悟的一刹那开始，行者便成为了阿罗汉圣者。所有他的思维习惯也因此而改变。他现在能够直接地洞见由一一刹那的无穷连续所成的宇宙。他已经身处趋向最终寂灭的渐进演化过程中。在大乘佛教中，菩萨所直接洞见的或内在地体验到的，是与大乘教理相应的另外一幅景象。因此，通往解脱的道路便分成了积蓄善根的预备性过程（sambhāra-mārgā，资粮道）、相继的训练过程（prayoga mārga，行道）以及觉悟的过程（dṛṣṭi mārga，见道）[①]。 17
见道的过程是刹那性的，按专门的技术名称，这叫“见四圣谛”，这种对真实的直接认知叫亲证（亲切的见证）。亲证是圣者（ārya）专有的品格。被它们称作圣者所得的四种真理（āryasya satyāni，四圣谛），依次被表述为这样的普遍性见解：（1）有一种困恼的现象存在（duḥkha，苦）；（2）有一种迫使力维持此困恼存在（samudaya，集）；（3）它迫使之力终归会消灭（nirodha，灭）；（4）有一条通往消灭此力的道路（mārga，道）。就其一般的形式而言，这四条真理也是所有印度宗教学说都能接受的。[②]这中间也没有只是佛教专有的东西。依据安放到四谛中的不同内容，依据我们对现象生命困窘（duḥkha，苦）[③]及其对此困窘的消灭（nirvāṇa，涅槃）法的理解，四谛内容可以有不同的说法。在佛教

---

① 李斯·戴维斯夫人（Mrs. C. Rhys Davids）在其《法集论》（*Dhamma saṅgaṇi*）译本第256页第2注中称它为“精神的醒”“知性的转变”，由彼可以得窥涅槃彼岸（Promised Land of Nirvāna）的精神和心灵的前沿哨，可以直接了解无常事实的前沿哨。所谓无常的事实，显然必须理解为无常诸法的理论。南传《长部经典》（第一之76页及以下）中，对于见道（dṛṣṭi-mārga）以及等同于它的须陀洹果（srota-āpatti-phala）有极富诗意的描述。

② 关于正理-胜论派的“四谛”请见第55页（边码）。此四谛稍加扩展便是：（1）有是苦；（2）苦有因；（3）苦可灭；（4）灭有道。——译者。

③ 这便是对应于asaṃskṛta（无为=nirodha消灭）的saṃskāra-duḥkāra（行苦）或pariṇāma-duḥkhatā（坏苦）。参见《俱舍论》第四之3。这种duḥkha非常接近我们通常所谓的乐而非苦。

的范围内，这些观念在佛教史上的某个时期，经历了某种剧烈的变化。在早期佛教中，这些观念相应于多元论的世界；在大乘佛教中，它们则相应于一元论的世界。①

在小乘学说中，觉悟的过程被描写成一个具有双重作用的要素系列，它包含了感觉的刹那和知道的刹那。这感觉刹那有所满足（kṣānti，安忍＝ruci爱乐）心理内容。在此之后的下一刹那便生出直观，即对存在构成元素的分辨知了（dharmajñāna，法智）。这种直观力一开始指向周围欲望的世界，之后它像总是发生的那样，转向了想象的享受法悦的出神境界（anvava-jñāna，相续智）。从而，在十六个连续的刹那中②，这未来的修定圣者的直观能力便经历了整个宇宙，包括其中的真实或假想的各个世界，并依据它们趋向静止的四个阶段逐一加以审视。那最高觉悟的刹那是关于解脱之道的全部学说的中心。大量的佛教文献，尤其是在大乘佛教中，都不遗余力地要说明这一神秘直观的思想。③

在较晚的时期，对阿毗达磨的研究被关于逻辑和认识论的研讨所取代，但在当初所确证的不同种类的直接认知活动中，神秘的瑜伽现量始终得以保留下来。直接的认知活动在当时被定义

---

① 依据正理－胜论学说，修瑜伽的人在觉悟的一瞬间可以直接了知极微和所有的范畴。

② 关于此十六刹那，参见《俱舍论》第四之18、25及以下，以及浦山刊行之《中观论释》第479页注4。

③ 大乘佛教中研究这部分问题的著作有弥勒－无著的《现观庄严论》，该书除了有大量藏文本的藏地注释，仅印土的疏释就有21种之多。西藏的黄教（格鲁派）著作中，《现观庄严论》的最重要疏释是宗喀巴的《菩提道次第广论》（*Lam-rim-chen-po*）。俄国学者G. 契比科夫（Tsibikoff）对此书有选译本。

为不含任何综合性思想的（kalpanāpoḍha，离分别的）。它是只能了知不确定的感觉刹那的纯然的知觉活动。四谛道理，亦即关于本体之存在论等，先依据圆满的逻辑来研究并被衡量确定（Pramāṇena viniścita，由量裁定），然后顿然地被直接觉知到，见证它如看见手掌上的一粒麦子那样清晰。[①]产生这种见证的时间 18
刹那，最终被简约成为三个。而在中观哲学系统内部，根本没有逻辑的地位。对中观派而言的见证觉悟，此前的修证内省的功夫，只是思想力的自我批判与自我否定。否定性的辩证法是他们觉悟的过程。然后，在此过程的终了，才有对超越性真理的直观（现证）作为内在的确信（pratyātma-vedya，内自所证）[②]一跃而起（豁然显露）。同样属于佛教的两大哲学体系——小乘的多元（实在）论与大乘的一元论，都有一个（关于直观的亲证到来前的）预备和冥想的过程，然后才是一个顿然觉悟的刹那到来。[③]

如果我们现在要回答关于佛教的瑜伽教义的年代及历史的问题，那就必须完整地估量这一事实：瑜伽禅定的理论是其多元的宇宙观的不可分割之内在部分。这种理论认为分离各别的构成元

① 参见《正理一滴》及疏释第11页（《佛教文库》卷7）。

② 参见前所引《中观论释》第493页之11。

③ 按照柏格森（的直觉的哲学），每一位伟大的哲学家都曾获得过关于世界的顿悟，而在此之后的余生中，他都在孜孜不倦地对它加以越来越清晰的表述。这也就成了哲学家的“见道”（dṛṣṭi-mārga）过程。在康德的一生中，他经过了多年的著述和思索，才“证见”了《纯粹理性批判》的中心观念。于是他写道“das Jahr 69 gab mir grosses Licht（69岁之际我才被赐予伟大的光）！”而他在余生中确确实实在不倦地一再努力想要清楚地表述所洞见的真理。因此，他在此前的研究以及思索也可以说便是sambhāra-mārga（资粮道）和prayoga-mārga（行道）了。

素（dharma，诸法）渐次地向着熄灭演进。[1]如我们在前面说过的[2]，不排斥有这样的可能性——该理论的核心是远在佛陀本人出世之前就已经存在的。无论如何，离开了这种理论，离开了神秘的世界（色界、无色界、诸禅天等的观念），也即说如果缺少其作为内在部分的关于瑜伽的哲学说明，也就不存在从历史角度看可以信赖的佛教本身。没有哲学思辨和道德目的的所有瑜伽实践，
19 所有的巫术和魔法，连婆罗门教的祭祀礼仪也不例外，都曾受到佛陀的严厉谴责。它们是被佛教徒当作根本性的罪恶的。[3]关于修瑜伽者的世界状态细节，以及瑜伽禅定的不同程度，永远会引起各个宗派之间纷纭各异的争论。我们可以有把握地断言，在小乘佛教的范围内，并没有那种猥琐的巫术的地位。[4]

瑜伽禅定的心理学实际上是许多印度思想派别共有的，而不

---

① 据猜测，四禅天（四静虑）的历史较之四等至更早，参见海勒尔前所引书第43页及以下；而关于色界的微妙存在身仅由十四界组成，因为它们不需要物质性食物的看法，显然是关于修瑜伽者的神话的理性化。依据神话曾有人从佛教的神秘世界（诸禅天。——译者）下来，而那里的居民据说是以三摩地为食的。参见《长部》经典第三之84及以下。很有可能在巴利语佛经形成的时代，就已经有了这种完整的理论。

② 参见拙著《佛教的中心概念和法的意义》第65页及以下。

③ 参考《宗教伦理百科全书》中关于巫术的文章，那中间并未明确区分神秘主义、巫术或迷信。在《梵动经》（*Brahmajāla-sutta*，在《长部》第一之9中）里，我们看见有一大串关于迷信和巫术的实践，但都是受到强烈谴责的。

④ 如果每一超自然的境界或力量，即修瑜伽者想象的就是巫术所代表的，那么当然只有小乘佛教充满了巫术。但是基督教，特别是相信奇迹的那种基督教不也面临着同样的指责吗？神通力（rddhiabhijñās，神通）因而应该恰当地被认为只是神秘主义想象出来的力量，如果我们承认这一前提“对神秘论者的世界的真实或非真实，我们实际一无所知”的话（参见罗素的《外部世界》，1922年，第20页）。海勒尔对于佛教的超自然认识及力量的解释和证明也是很有意思的。参见海勒尔（Heiler）前引书第33页。

仅仅是佛教的特征。在每一思想派别中被称为“道”的这一部分，看起来都会不可回避地讨论从现象界如何过渡到绝对者境界的手段问题。除了正统的弥曼差派（Mimāṃsakās）以及物质主义者（顺世论者），各家都在关于“道”的这一部分而不是他处，包含了一定的神秘主义。耆那教有它自己的一套关于瑜伽的说法，甚至被认为属于实在论者的有神论的正理派（Nāyāyikas），在觉得难以说明从凡俗向绝对的，亦即从轮回向涅槃的过渡时，也求助于瑜伽而不是神[①]。不过，话说回来，如同欧洲人的头脑并没有永远地、完全地摆脱神秘主义一样，印度人的头脑也倒不是完全必然地从属于神秘主义。且不说为数众多的唯物主义学说，就是正统的弥曼差派自己，也对瑜伽有这么一种看法。也许这看法也代表了我们的想法，因为我们也不是神秘论者。这种看法主张瑜伽纯粹是想象，同所有别的异想天开的实践没有两样。[②]考虑到弥曼差派是印度最古老的哲学派别，其根源可以追溯到吠陀时代，我们随即可以断定它具有那种“历史方面”的价值。这种价值主张认为，佛陀时代的印度不大可能只有鄙俗的巫术和魔法存在。

每一种哲学或宗教都会有他们坚守的而又不可能再作进一步论证的某一基本立足点。这是它们的理论体系不得不面对的共同命运。在这一理论原点上，也只有乞灵于某种更高的和神秘的原理。因为通常的说明方法已经不敷使用，不能提供令人满意的解

---

① 关于瑜伽在正理－胜论体系中的地位，参见下文第55页（边码）及以下。

② 参见《颂释补》（*Ślokavārtika*）中的“现量经”32。

释。对笛卡尔和莱布尼茨来说，这不可证明也无须证明的最高原理便是上帝。而对于印度的各思想派别，这便是瑜伽的神秘力量。对这一力量的，而不是别的东西的借重，在佛教中具有举足轻重
20 的关键作用。

第四章　佛陀相信个体之我的永恒性吗？

主张原始佛教缺乏哲学思辨性的人，提出了他们的理由。他们认为：

1. 巴利语经典中，有关涅槃的描述中，已经在宣讲“不死”[①]的理论。

2. 巴利语经典中有两个地方[②]，当佛陀被问及涅槃究竟是什么时，他拒绝给予明白的答复。我们如何解释这两段经文呢？

3. 在较后期的文献资料中[③]，关于涅槃，是用“实在”（vastu，事，实事）这样的术语来加以描述的。

所有这些理由，如果稍作仔细审查的话，也许不能说它们与判定早期佛教算不上哲学的说法全然无关。

说到佛教，无论其实践部分，还是理论部分，都趋近于这么一个中心观念：世间所有的骚动不安的生命力，其合理的归宿都

---

① 巴利语是amata，梵语是amṛta。

② 参见本章中关于“不死之境”的注解。

③ 实际上，在早期巴利语经典中还是有关于涅槃的朴素论议的。例如，算数家目犍连就曾向佛陀询问涅槃存在的状态。参见汉译《中阿含经·算数目犍连经》（《大正藏》卷2，第652页）、南传《中部经典·算数家目犍连经》。

是最终消融于绝对虚空的。因而，这称为涅槃的绝对之境也相应地获得了形形色色的“修饰语”（epitheta ornantia，说法，别称），其中，“不死之境”的说法[①]便出现了好几次。但在这里，“不死性”是什么意思呢？它就是吠陀时代所谈的“不死”[②]吗？或者是祖先所居的天上的福乐存在？或者是类似阿弥陀佛所居的净土世界那样的假设的安乐永生？[③]

---

① 巴利语作amata-pada，对此概念，巴利圣典学会的《巴英辞典》第73页英文释义为：“关于某种持续和非变易状态、某种安稳状态的一般概念，即是说，其中既无再生亦无再死。”该词条中引证原始经典，如增支部180之小诵经（khuddakapātha）佛音注释为“不生、不老、不病、不死之谓（涅槃）”。《法句经》上说“不生不老故不死”。——译者

② 吠陀经典也称“不死”为amṛta。——译者

③ 浦山显然认为一切宗教的发展起点都应该是死后仍然存在的灵魂。就印度的诸宗教而言，这种理论有过详尽的讨论。如普尔·图克森（Poul Tuxen）博士在《丹麦皇家科学院历史·哲学报告Ⅱ》（*Det Kgl Danske Videnskabernes selskab*，*Hist-Phil.Moddelelser*，*Ⅱ*，4）中的”梨俱吠陀的观念与灵魂”（Forestillingen om sjaeleni Rigveda）一文中证明了梨俱吠陀文献中没有这样的思想。在最古老的奥义书中，死后留下的Homunculus（小人，侏儒）被描绘为五种元素的集合，死时分散，并因新的结合而成为生命。不能说这里没有我们后来所见的五蕴说的前身。灵魂的观念，要我们一般能接受的意义言，出现于奥义书的诗歌及同一时代的数论和耆那学说中，也许也与某种佛陀之前的佛教在同一时期。参见H.雅各比《神之观念》（*Gotlesidee*，第7页以下）以及拙著《佛教的中心概念和法的意义》第65页及以下。

译者补注：注中所言Homunculus原意为小人和侏儒。本书著者借以指古代印度人观念中的灵魂。古代印度人并不以为身体与灵魂有什么不同，因此祖宗灵魂一样有饭食的需要，其实这是许多民族都曾共有的观念，各民族宗教中的祭祀礼仪起初也是这种观念的物质化。印度人那里的灵魂，又称“丈夫”（puruṣa），也指传统中如拇指大小的侏儒，认为人若死后，他们便离开了肉体。关于奥义书、数论派和耆那教中的“灵魂”（ātman puruṣa），可参见日本金仓圆照的《印度哲学的自我思想》（东京，大藏出版，昭和廿四年）。

或者像后来的毗湿奴派印度教所说的天堂？[①]没有任何迹象说明它有这些个意思！因为这个词的出现，的的确确也仅仅是表明了对涅槃的一种修饰语——所谓的“寂灭”。如我们所知道的，涅槃当中并没有从佛教徒观点看来的天界的缺陷。涅槃是超越了一切可想象的境界的。[②]

它是绝对的极限。“不死之境”的说法只是意味着无变化、无生亦无灭的状态而已。因为它被解释为其中既无生（既无再生）亦无死（即再次死亡）[③]的地方。而人们得由再生进入天堂，得由寂灭而消失于涅槃中。 21

① 所谓的“极乐安养”（sukhāvātī），是指距我们现在世界有十万亿国土的理想境界。阿弥陀佛为彼土教主，众生凭着对他的誓愿信念，死后可以往生此佛国。——译者

② Viśnuism，印度教的三大主要派别之一（另两派为湿婆派、性力派）。主要崇信毗湿奴大神及其化身，再有他的配偶吉祥天女。该派信徒也认为默念神的名，并实行冥想可以获得解脱。

译者补注：该教派神话中的乐园为Vaikuṇtha。传说中的毗湿奴神跨出三步便创造了天、空、地三界。天是最高的，是神自己的居所，也就是Vaikuṇtha的理想境界，据说其中涌出甘泉，滋养死后往彼处去的灵魂。《梨俱吠陀》（Ⅰ，154）已描绘了这一乐园。相传，此地在乳海之北，弥卢山以东，曼陀罗山之巅，比大梵天所住的地方还要高的地方。此处常为光明所包围。毗湿奴与吉祥天女所住的地方，连婆罗门仙人（Brahmaṛsi）这样的大仙人（Mahaṛsi）也无法达到。参见中村元之的《印度教神话》。

③ 在婆罗门教的诸正统学说中，联系到涅槃也使用“不死之境”的说法，这些学说当然是承认有无生的涅槃的，参见《伐差耶那》[*Vātsyāyana*，维齐安（Vizian）主编，第30页]（它的意思是指没有死亡的地方，而并非说该处有永恒的生命。同样，这地方也就可以称不生之地，na jāyati，na jīyati，na mīyati ti amatam ti vaccati（comm，khuddaka，第180页）。正如生之意味再生，这里的死也意味着重复的死。参见奥登堡前所引书《佛陀》，第46页。

第五章　佛陀是不可知论者吗?

（认为原始佛教并无哲学思辨性的）另外一个理由，源于对佛经中一段人们熟悉的经文的新解释。那上面说，当佛陀被问及一些形而上的问题时，他以沉默作出了无记的[①]判断。从字面上说，这种议论是沉默的（a silentio）论议。更进一步来思考佛陀面临的问题，我们发现，它们确实有形而上的性质，诸如：世界是否有开端？它是有限的还是无限的？阿罗汉[②]死后的状况是怎样的？这最后一个问题实际上等于是问，绝对者的本质是什么？当佛陀在某种场合被问道之人询问这样的问题时，他恰恰不愿或是断然拒绝作任何答复，充其量佛只是宣称：这些问题整个是无意义的。古往今来，印度的或者欧洲的学者都认为，佛陀偶然表现出来的

---

① 无记（avyākṛta avyākata），指不置可否，不表态是肯定还是否定。《杂阿含经》卷34、《中阿含经》卷60《箭喻经》均提及佛陀对外道的十四个问题不为记说。这些问题包括：世界为常为非常？世界有边无边？如来死后是有是无？命与身是一是异？——译者

② 原文为圣者（saint），通常译阿罗汉（Arhat）。从汉译经典看，应为“如来”，这是佛的称号之一。早期佛教认为世尊也是得罗汉成就的。“如来”一词，从表面看，有“得生而来此世，离生而去此世”之意，这样它便等同于“有情”“众生”，在这个意义上，它更应译为“如去”，但tathāgata另有一层更为专门的意思，即等同于真如实在的意思。《成实论》是一说：“如来者，乘如实道来成正觉，故曰如来。”《大智度论》卷24说：“如实道来，故名如来。”——译者

这种“不可知主义”，看上去同巴利语经典中佛陀教说的基本倾向性并没有什么抵触。有的学者甚而至于将这些缄默的问题，譬之于现代批判哲学中被宣布为不可解决的一系列论题。诚然，这之间是有某些相似性的。①

但是，据浦山说，佛陀的沉默不语，只是因为佛在哲学领域中缺乏这种能力。他不知道如何回答这种问题！②如果他的问话者希望关于永恒不灭的灵魂存在与否的问题得到肯定的答案，佛陀准备答复说“是”；如果问话者不希望如此，佛陀也并不在乎回答他说“不是的”。③这里还援引鸠摩罗多④的态度作证明。后者与世亲⑤在一段相当长的讨论中谈到了所有佛教徒的基本信条（这里说的佛教徒也包括那些主张补特伽罗实有的人）⑥，亦即实体的灵魂并

---

① 它们属于“人类理性在其自然过程中必然要遭遇的”问题。参见康德的《纯粹理性批判》，麦克斯·缪勒英译本，第340页；另参见O. 弗朗克（Franke）著《康德和古代印度哲学》（Kant und die Altindische philosophie），载《康德纪念论文集》（*Zur Erinnerung an Emanuel Kant Halle*, 1904），第137—138页。

② B. 凯思（Keith）在前所引书第63页也有同样的解说。

③ 浦山该书之第119页。

④ Kumāralābha，也记作kumāralāta，意为童受，2世纪时北印度人，对西北印度主要的佛教说一切有部有严厉的批评，为重要的经量部论师，其传不明。《俱舍论》引用其观点。可参见称友的《俱舍论解明》这部注释书，该书有荻原云来校刊本（东京，1934年），参见第708页。

⑤ 世亲（Vasubandhu）（约320—400年）。印度大乘佛教之一的瑜伽行派的理论集大成者，被尊为唯识学派之第三祖。生于西北印度之犍陀罗地方，初从小乘有部出家，后对有部学说进行批判总结。其著作《俱舍论》为北传佛教中最重要的小乘论书之一。后受其兄无著劝导而皈依大乘。著述极广，重要的有《唯识二十论》《唯识三十颂》《佛性论》《十地经论》《净土论》《法华经论》等。——译者

⑥ pudgala，所谓补特伽罗，在佛教中指不断生死轮回的主体，也即是人格我的另一名称。佛教内部就其实在性问题多有争论，通常各部派不会明言为实有，而指其为“假施设”。有时，它与“人”的泛称概念同义。依《异部宗轮论》，犊子部经量部、化地部都主张补特伽罗实有的。——译者

不存在的信条。此处的讨论是非常巧妙的，其对无我的信条，也有极为清楚的说明，简直称得上委悉详尽。[①]对于灵魂不灭论者（pudgalavādins），佛陀否定有所谓永恒不死的灵魂；而对于不承认业报坚持唯实论的顺世外道，佛陀又主张（个体之我）应保守自己的道德责任。主张灵魂的有无都是极端之见，也都被宣布为
22 邪见和妄见。这被认为是与佛陀指示的教义相冲突的。佛陀寻求并发现了一条可以消除两种极端（边见）的“中道”。那么，这样一种对两种边见的断然否定和强调性的抗议，又怎样能够转变为对问题的沉默不语呢？这个问题，以及将巴利语经典视为巫术手册[②]的说法，同样都成为了难解之谜。如果知道了佛陀在什么时候，曾经“教诲什么人以自我实在（的言论）”[③]，即是说，佛陀流露过地道的自我说（ātmavāda，有我论）或者有身见[④]（satkāya-dṛṣṭi，认为我身是实体）之论。那倒是件有趣的事了[⑤]！

古往今来，东方和西方的许多学说体系，都宣称实在自身本体、实在的精髓，是不可认识的东西。因而在采用通俗的对话风

---

① 参见浦山的法译本《俱舍论》最末一卷第128页及以下，以及《俄国科学院通报》（*Bulletin de l'Academie des sciences de Russie*）1919年版，第823页及以下，其中有拙译（《灵魂的理论》亦即《俱舍论·无我品》）。

② 即Manual of thaumaturgy，这是浦山的说法。

③ 参见浦山书第119页。

④ 有身见，又称萨迦耶见（satkāyadarśana）。它认为五蕴所成的自我，与构成五蕴的色心等元素都是实在的。《大乘广五蕴论》说：云何萨迦耶见？谓于五取蕴随执为我，或为我所，染慧为性。“萨”为败坏义；“迦耶”谓和合积聚义……无常、积集、是中无我及我所故。染慧者，谓烦恼俱，一切见品所依为业。认为此见是一切谬见的根源，且此见之本质为烦恼。——译者

⑤ 这是著者（舍尔巴茨基）对于浦山关于《俱舍论》的误解和误译所说的反语。著者与浦山是朋友，但看得出来，他们之间的学术争论是认真的、严肃的。——译者

格的（佛教）经典文献中，如果我们发现，其中对于绝对者的神秘本性，采取了缄默不语这样的给人以深刻印象的手法，那将是极其自然的事。对于绝对者的特征，大乘佛教从来都毫不犹豫地宣布它是“不可言说的”“不可思议的”“不可界定的”等。《维摩诘所说经》[①]（*Vimalakīrtī-sūtra*）中对于绝对者的本质便有一段相当长的议论。问题本身被从不同的角度一一提出来讨论，可最后当维摩诘居士被要求加以总结时，他却一言不发、沉默不语。而文殊师利菩萨对此却大加赞叹：“善哉！善哉！此不二性诚离言说。”[②]

这种“不可说”的特征，并不仅仅限于佛教方面的文献。当吠檀多[③]的哲学家们要表述他们的不二之梵（advaita-brahma）的超越性时，也是借助了同样的手段。商羯罗[④]给我们讲过这样的

---

① 《维摩诘所说经》是重要的大乘早期经典，仍属于般若经类。借维摩诘与佛弟子们的议论揭示空性，语言简洁，构思新颖，为重要的佛教文学著作。在中日两国均很流行，有多种汉译本。梵文本子今不存在，文中若据鸠摩罗什所译《维摩经·入不二法门品》为：“于是文殊师利问维摩诘：我等各自说已，仁者当说，何等是菩萨入不二法门，时维摩诘默然无言。文殊师利叹曰：善哉善哉，乃至无有文字语言，是真入不二法门。”——译者

② 转引自铃木大拙：《大乘佛教》，第106—107页。

③ 吠檀多哲学是印度教的正统哲学派别，它是佛教在7世纪之后逐步衰亡中兴盛发展起来的，其根本经典《梵经》（*Brahma-sūtra*）形成于5—6世纪。“吠檀多”的意思为“吠陀的最终的学问”，这既可以看出与古代印度系统的深刻联系，也在实际上反映了它对晚近的佛教、耆那教学说的吸收。吠檀多派思想的集大成者应为商羯罗（788—850年）和罗摩奴阇（1050—1130年），他们创造了印度教的神秘主义一元论。11世纪之后逐步形成的印度教湿婆派和毗湿奴派的教义都深受吠檀多的支配。——译者

④ 商羯罗，8世纪时印度教的思想家，南印度人，曾游学波罗奈斯、迦湿弥罗等地。认为世间森罗万象的现象等均是摩耶（māyā）的作用，世界的本体仍是至高的梵，其学说称不二一元论。其学说为今日印度教绝大部分思想家所继承。其著作有《梵经广疏》等数百种。——译者

故事：某人曾（向他的老师）三次问起梵的本质[1]，但都没有得到答复，最后他质问："你为何不作答？"但那人却说："我已作答，而汝不解。"以上这些例子，是否允许我们得出这样的结论呢——商羯罗阿阇梨所说的那位圣者与维摩诘居士根本就拿不出合乎理性的关于终极的绝对者的意见？或者他们有一种漠不关心的态度，
23 随问话人所希望的，作肯定的或否定的答复都行？[2]

---

① 另参见《胜论经》第三之2、17。

② 世亲（Vasubandhu）在其《俱舍论》（第五之22）中说，在佛陀时代，作为一般规则，对一切错误地表述的问题都是用沉默来作答的，比如，当有人提出关于根本不存在的事物的属性问题时。如奥登堡在另外的场合（《奥义书》第133页）正确地评述说的：同一切神秘主义一样，此处神秘一词的本义便是沉默（Die eigenste Sprache dieser Mystik, wie aller Mystik ist Schweigen）。

第六章　晚期小乘佛教的立场

浦山坚持认为，要摆脱佛教概念的含混不清，我们就得建立一个关于佛教史的轮廓（un schéma d'ensemble，整体框架）；又说，这个轮廓必须与我们关于古代印度史的一般概念相一致；[①]他还认为，历史的细节问题一旦在这个框架中寻找到自己的位置，便立刻得以确定下来，这一框架似乎是下面这样的：一开始只有对灵魂和不死的简单信仰，以及主要的是晦涩的巫术，具有不确定性格的原始教说。那之后恰好是一个确定了的时期，简单的教条为混乱的思想所浸染。而这会使我们提出这样一个问题：当时的佛教究竟是不是诺斯替（gnosis）[②]观念的？最终，佛教完成了空

---

① 说到对古代印度历史的一般估价，显然作者这里暗示出他对那个社会环境（milieu）（第10页）的看法。浦山本人，还有凯思教授都认为从这个环境中只能有混乱而暧昧的巫术产生出来。但其实指出另外一个事实也是极有意思的：拜尼尼的语法——我们知道那是人类理性的最伟大产物，同样也正产生于这样的社会环境！

② Gnosis（灵知），在基督教神学中尤指人类精神获得拯救的知识；它是由上界降临到肉体监牢中的光。早期基督教神学中的诺斯替派（约2世纪）便因致力于追求这种神秘知识而得名，仅就凭知识获救这点而言，诺斯替与佛教的般若很相似。但诺斯替派本身并不是单一的。这一运动中也有遭受谴责的异端，例如加波克拉底斯（Carpocrates，140年左右）的追随者就有共同分享财产和妻子的主张；而同一时期的纳西尼（Nassenes）派则认为蛇是智慧的象征，他们的名称纳西尼便来自希伯来语nahash（蛇）。当然像瓦伦替努斯（Valentinus，140年左右）一派并未偏离正统教会神学。就其总的倾向而言，诺斯替派一般否定物质世界，肯定人的精神；他们以肉体为罪恶，以知识和灵魂为善。——译者

洞的经院哲学[①]的上层结构，因而我们进入了佛教的学理时代，这同我们欧洲自己的中世纪经院哲学的产生过程是极为相似的。

原始宗教，诺斯替时期以及经院哲学时期——我们一下子便明白了这是从哪儿借用的。这是一种打算以欧洲教会史为原形来平行建立佛教历史的企图。

原始宗教及假想的诺斯替运动代表着什么，这我们已经知道了。

然而，经院哲学呢？它或者是，（1）服务于宗教的哲学；或是，（2）极其烦琐精微的人为的哲学构成。早期的或阿含经时代的佛教是同晚期的或学理时代的佛教相对峙的[②]。这就引出了这么一种推测：如像毗婆沙师[③]这样的派别，就其学说而言，代表了与早期阿含时代诸派别具有实质差异的部派。可实际上，毗婆沙师们仅仅是最初的部派之一——说一切有部[④]——的继承者。

---

① 原文为scholaticism，广义地说，它指宗教教理的学术研究和传统，我们在此意义上，将它译为“学理”或“学术”。但在西方文化背景下，这个词的严格本义指基督教的经院哲学或烦琐哲学。一般可以指整个中世纪的基督教神学，即以神的启示为权威，以此启示的权威传统为基础而展开的对神学问题的讨论。通常认为所谓新柏拉图主义、教父哲学（约150—800年），以及继承亚里士多德哲学的教会学术传统（约800—1500年）都称scholaticism。——译者

② 在原书第128页，浦山本人又提到“虚无主义的学理”，他指的是阿含经典的学说。

③ Vaibhāṣika（毗婆沙师）是传统上座部佛教的一支派。它专门致力于注释原始佛教时代就形成了的经论。广义地讲，毗婆沙师指说一切有部及上座部系的分别说部。据近代学者研究，它是有部和经量部的过渡学术传统。参见吕澂的《印度佛学源流略讲》。——译者

④ 简称有部，从根本上座部中分出（公元前2世纪），主要分布在西北印度迦湿弥罗、犍陀罗等地。直至7世纪仍是重要的印度佛教部派，可称小乘佛教的代表，汉译小乘佛典多属此部，其哲学主张参见《佛教的中心概念和法的意义》。——译者

毗婆沙的名称来自对有部阿含经典的大量疏释的总称[①]，而其
哲学思路，一般地沿袭了该部派以往的途径。但这第二个部派，
即经量部的主张却有些不同。它实质上是一个新的派别，它或者
出现于那个将佛教史划分为迥然有别的大小乘两期的重要时代， 24
或者时间上还要早一些，因而我们更乐于保留将佛教分为早期或
小乘以及晚期或大乘的较为粗略的分期，并同时承认二者之间有
一个过渡的派别，称经量部。[②]

进而我们承认，早期佛教的学理已经有了相当可观的发展，但这只是第二等意义上的学理。既然对不死的信仰从来就没有过，也就不可能断言有什么东西受到经院哲学的浸染或因后者而变得

---

① 即指毗婆沙论，全名为《阿毗达磨大毗婆沙论》，梵名为*Abhi-dharma-mahā-vibhāsā*，是针对说一切有部《发智论》一书的庞大注释体系，代表有部东方师（迦湿弥罗派）的见地，后成为正统有部学说之集大成者。相传为贵霜王朝迦腻色迦王赞助胁尊者比丘招集五百比丘所作。全书分杂、结、智、业等八部分（称八蕴），详说有部主张并批驳大众部、犊子部等佛教部派以及外道。玄奘所译此论书有200卷。异译本有北凉浮陀跋摩之《阿毗昙毗婆沙论》（60卷），相当于玄奘译本前111卷。此书梵本已佚。——译者

② 大小乘之间的另一过渡派别称“成实宗”（Satyasiddhi），据汉文资料知道该宗创立人为诃梨跋摩（Harivarman），意译“师子铠”。参见山上曹源《佛教思想大系》（*Systems of Buddhist Thought*，加尔各答，1912年）第172页及以下；另参见罗森堡的《佛教哲学诸问题》（*O. Rosenberg*，*Problems*，第274页）。

译者补注：诃梨跋摩为中印度人，生卒年不详。但《成实论》汉译在411年，可以猜测其约为4世纪时人。他初学数论，后转归佛教，师从有部、大众部诸师，游心大乘多年，遂撰《成实论》，其书16卷或20卷，共202品，被称为“成实宗”之宗祖。观《成实论》所述，系通过审查之一切实在之见地及一切唯名之主张，以为若依实在论看法，一切存在元素可以分为五位八十四法；而从一切唯名言的角度看，则可说一切皆空，但《成实论》之空仍非大乘之当体即空的空，而是从分解诸法而来的分析空。传统上认为此论代表了从小乘空观向大乘空观的过渡。此论中所引多有经量部见解，故知经量部在由小乘转向大乘这一历史发展过程中的承先启后的地位。

暧昧了。早期佛教开始于关于多元化的宇宙的圆满的哲学观念。它否定了实体，并建立了关于最终极实在（dharmas）的范畴表。这其中的部分基本构成元素具有高度的人为杜撰性质。①在依据名称差别而推断事物差别这一点上，早期佛教徒及其后继者如毗婆沙师高度地赞扬了人类心智的本然倾向。经量部对于这种倾向性②持断然否定的态度，他们清楚地分开了唯名的实在（prajñāpti，施设有）同终极的材料（ultimate date）。相应地，他们也就大大削减了早期佛教和毗婆沙师们所采纳了的基本构成元素的范畴表。这样一来，这些范畴也就只包含了感觉与心理的原始材料。因此，我们说，对于经量部与毗婆沙师，不加区分地平等地看待他们的做法是错误的，如果要分别其特点的话，经量部还是反经院哲学的哩。经量部所起的哲学作用，犹如欧洲哲学史中奥康（Occam）的剃刀。③它的更适当称谓应该是批判主义的派别，这是一个其后继者——瑜伽经量部④——完全当之无愧的名称。不过后者已经属

---

① 指在有部的五位七十五法的分类上所体现的形式完整和心理过程的烦琐细密的性质。——译者

② 经量部自己的理论重点是随界说。所谓界，指一切法生起之后的熏习作用，此作用随逐于众生相续存在时，随界最终融入因性，即产生法体的依据。经量部的因缘论一反有部六因四缘说，后者强调俱有因；而经量部强调所缘缘，所缘缘刹那生灭，除引后承前的功能，别无法体，基于此点经量部接近于肯定：实际生起诸法的根据为名言种子。这种唯名论的态度与有部三世实有、法体恒有的唯实论倾向判断有别，参见《顺正理论》卷15、18等；另参见吕澂的《印度佛学源流略讲》第313页及以下。——译者

③ 奥康（1300—1350年）是中世纪英国经院哲学家，著名的唯名论者。主张哲学的对象只能是经验和依据经验的推论所得。宣称“若无必要，不应增加实在事物的数目”，坚决反对共相有实在性。他的言论将所有无现实依据的共相一扫而光，取消其实在性，像剃刀剃除胡须一样彻底。故其哲学原则又称“奥康的剃刀”。——译者

④ 参见本书第9章。

于大乘佛教的范围了。如果我们大致地将大乘开端判定在1世纪，并将小乘在北印度的衰落判定为5世纪，那么也就将近有五百年左右的时间，是这两种思潮的重叠时期。显然，经量部一开始便采取了介于极端的大乘论者和部派之间的中间立场。[①]当这五百年中 25
激烈进行的斗争接近尾声时，经量部与赢得了这场战斗的大乘论师们合流并产生了一个综合性的称瑜伽经量部的派别。这个新的佛教运动，亦即大乘论师和经量部论者所宣布的终极实在具有唯名论的性质。在他们较早的终极实在之范畴表中，都可以见到涅槃（Nirvāna=nirodha 灭）占有的一席之地。[②]

毗婆沙师和经量部就涅槃本质发生的争论，早就为人们所知。前者坚持说，它是某种实在的东西（vastu，实事）；后者反驳说，它没有丝毫自身实在性，而仅仅是个人的全部生命的停止。当然，如果要充分理解这一论题的准确含义，除非我们已经知道了争辩双方复杂的论据才有可能。我们现在对毗婆沙师的了解相对要充分得多，而我们也可以详细地表述他们之证明涅槃是实在的过程。对于经量部，即论争的另一方，我们仍然只有间接性的了解。我们始终未能读到早期经量部师，如鸠摩罗多、室利罗多、大德、

---

① 这里暗指世亲。他是这一中间立场的代表。参见拙译《灵魂的理论》（《俱舍论·神我品》）第852页以及德·拉·瓦勒·浦山的《俱舍》译本第九之273页。世亲本人是倾向于这一部派的（指经量部。——译者），他以及他的学生和后继者陈那都已经是大乘论者了，但仍部分地接受唯识学说的见解。他们自称唯识论者，但就关于绝对实在的基本观念而言，他们又部分地持有经量部的见地（参见《正理一滴论疏》，《佛教文库》，第19页）。

② 经量部认为，涅槃意味着烦恼已灭，已达无为法（超越现常之不生不灭的存在），但涅槃并非实在。——日译者注

世友[①]等人的著作。世亲本人可以视为经量部说最后一个时期的阐明者，此时的经量部差不多要同大乘方面合流了。尽管如此，依据我们所知道的信息也足以得出确定的结论：即经量部据说“已经否定了”涅槃的实在性。我们也掌握了经量部对毗婆沙师的申辩答复。

德·拉·瓦勒·浦山假定有一个阿含经时代之前的佛教，其核心由对不死的信仰和瑜伽实践所组成；同时他还对佛经中所说的佛陀本人对某些形而上问题的缄默不语作了假设性的解释。他认为经量部对涅槃所持的立场足以证明他的前两个假设。[②]当涅槃被称作“实在”（vastu，实事）时，浦山宣称这证实之前约五百年存在着不死的信仰。凭同样的方法，他在早期佛教中发现了这种不死信念。在他的书中[③]我们可以看到有关两部派在5世纪所进行争论的有趣细节。可不幸的是，他却完全无视了这种争论的意义，就因为这种争论与浦山心目中先入为主的假设相反的缘故。毗婆沙师并没有说涅槃是天界的存在，而只是说，全部生命的消灭（nirodha），亦即涅槃的本质，是一种实在（nirodha-satya vastu，灭谛为实）之法——这是一种唯物质论[④]的再无生灭的实在。另一

① 1—2世纪时西北印度有部学者，迦腻色迦王时为第四次结集的上首比丘，撰《大毗婆沙论》200卷，世称有部四大论师，其所撰《异部宗轮论》中也有关于经量部的一些资料。——译者

② 参见该书第132页。

③ 参见该书第136—148页。

④ 原文为materialism，一般译为唯物论、唯物主义。可此处是指佛教说有部论师的见解，所谓“一切实有”的唯实在的立场。按舍氏说，他们坚持涅槃一定是某种实然的东西。故我们在此译为唯实论，以区别于经典的唯物论立场。——译者

方面，经量部对如来宇宙之身（dharma-kāya，法身）的存在是没 26
有异议的。即是说，他们坚持了涅槃等同一于整个有情世间的大乘观念；正因为如此，经量部像大乘一样，否认涅槃是超越有情世间的单独的一类构成元素（实在的无为法）。这只是对毗婆沙派所主张的唯实论的寂灭之实在性的否定。①

① 就经量部而言，涅槃，亦即灭谛是理解为“不生”（abhāva mātra，唯不生）的，如同灯光消灭，光若没有就是了，并没有实在的实体的叫作“灭”的东西。这与该派坚持无为法非实有是完全相应的。经量部的这一立场又与《成实论》上的譬喻师——吕澂先生（参见《印度佛学源流略讲》，第146—151页）认为它是有部向经量部的中间分化派别或学术现象——的主张相近。那中间讲灭谛，认为应经三个次第，即灭假名心、灭实法心、灭空心。这是从认识角度逐步深入的破斥实在观。有部——舍氏文中所指的“唯物质论”（唯实论、实体论）的毗婆沙师——的涅槃和灭谛偏于“灰身灰智”，依据传统的理解，其着眼点仅限于五蕴分离，诸构成元素仍然实存，这就是平时说的但破人空，不破法空。经量部在这里是认同譬喻师意见的，即主张空亦复空，即对空心再行破斥。从这一意义来理解，但是不生，才是无为的空，才可能与毗婆沙师的“唯实论之寂灭观”区别开来。——译者

第七章　绝对的两重性

说到涅槃或绝对观念，印度哲学以及从更广泛含义上来说的全部人类哲学，都会分成相反的两种态度主张。

前者是唯实论的，后者是不同程度的观念论。这两种倾向的理论在印度，无论在佛教还是在婆罗门教中都有各自的代表。主张永久不灭的死寂的，佛教方面有早期部派和毗婆沙师等，婆罗门教方面则有我们后面会讲到的早期正理-胜论派。而主张永久不灭之生的[①]，佛教方面有大乘佛教及其先驱，婆罗门教方面则有吠檀多、数论、瑜伽[②]及后来的正理派等。就早期佛教的大部分部派和略晚的毗婆沙派而言，从某种实在论的，我虽无实而解脱实

---

① 在今天介绍生物学的通俗读本中，我发现无生的涅槃观念及这个术语本身也可以用来描绘宇宙中一旦所有能量耗尽之后呈现的状态（entropy）。这里存在着假设的生物学意义的"生的本能"（Lusttrieb）和"死的本能"（Todestried）。前者相当于heyopādeya-hānopadāna（舍其能舍，得其所得）；后者相当于sarvam-heyam（舍断一切）或者sarvam duḥkham（一切是苦）。参见西格蒙特·弗洛伊德（Sigmund Freud）的《超越欲望原理》（*Jenseits des Lustprincips*，维也纳，1925年）第22、80页。

② 本书从一开头就讲到了瑜伽实践与佛教的关系。就整个印度宗教而言，各种教派无不强调瑜伽修定的作用。但此处瑜伽与各印度教正统派别并举，当指单独成立于4世纪以后的瑜伽派。其宗祖为波檀迦利（400—500年）。相传该派根本经典《瑜伽经》由他所作，瑜伽派的教理中采用了大量数论学说，其哲学立场仍为心物二元论，但又强调瑜伽的解脱实践作用。——译者

有的（yasmin sati cetaso vimokṣaḥ，于此涅槃处有心解脱）层次来看，涅槃即是无意识的某种实在（acetanaḥ，非心，无心，无思）[1]。关键是涅槃就是一种实在（dharma，法；vastu，实事）。所有这些派别又都是无神论者。在他们看来佛陀本质上是人类。[2]所有一切坚持佛陀的神性观念的派别，即大乘论者和他们在小乘中的前驱，都反对小乘部派的实在观。而赞成如来的宇宙身（dharma-kāya，法身）观念的正是所有大乘各宗以及经量部这样的过渡派别。按现代的蒙古喇嘛的说法[3]，他们这样解释法身：小乘学说中最高佛（burhan-bagshi，觉师）是没有身体的，而对于大乘及经量部，佛有身体，而且是比成佛前的身体更好的、光辉无所不被的身体。 27

涅槃究竟是观念性的还是实在性的，争论各派别的相对立场可以大致作如下划分：

毗婆沙师和早期派别——世间（saṁsāra，轮回）与涅槃均为实有

中观派——世间与涅槃俱不实（分别不实）

经量部——世间实，涅槃不实（分别不实）

瑜伽行派或唯识派——世间不实，涅槃为实

上面这些提要主张的含义须依据各派所出示的论据才能清楚地了解。

---

① 参见《中观论释》英译本，第529页之9；另参见附录中译文。

译者补注：此处译文指舍氏所作关于月称《中观论释》（亦即《明句论》，梵名：*Prasanapāda*）的英译本，载于原书后之附录中。

② 即他们并不认为佛陀拥有或强调过超自然的神通之力，认为他与我们一样仍属于人类所居的境界（manuṣya-loka，人间，人界）。——译者

③ 关于佛身论，可以参见日本长尾雅人之《喇嘛教理概要》（《东方学报》，京都第十四册第四部分，1994年）。

第八章　毗婆沙师

前面已经说过[①]，这是早期部派说一切有部的后继者，而且在此我们认为它可以代表一般的部派佛教。在这里，毗婆沙师们的教条使我们深感兴趣的有以下这些。存在据说有两种性质：或是短暂而逝的现象的，或是永久不灭的绝对的。这两种存在又被进一步分析为构成元素，分解为物质（色）的、精神（心）的以及力（行）的元素。它们构成了现象的这部分；而在永久不灭的存在那边，则有虚空和涅槃。现象生命中的构成元素又被分为过去、现在和未来。[②]此三者均被认作实在，过去与未来的诸法同现在之法是同样真实的。这就导致了两组元素的建立，其中一组代表了构成元素的永远持续的本性（dharma-svabhāva，法性或法自性），而另一组则代表了实际生活中的元素刹那性现象（dharma-

---

① 参见前面第六章“晚期小乘佛教的立场”。

② 精练地说，便是“三世实有，法体恒有”。有部认为世间一切存在元素包括构成有情生命的一切元素是确定数量的，共有五大类七十五种，即五位七十五法。所有这些元素是实在的存在，其实在性的依据在于它的自身本质（自性）。《阿毗昙心论》有一关系有部哲学基础的根本颂：“诸法离他性，各自住己性。故说一切法，自性之所摄。”关于三世实有的讨论，可以参见本书原著者之《佛教的中心概念和法的意义》。另请参见《俱舍论》（玄奘译）中《分别随眠品》第五之2。——译者

lakṣaṇa，法相或法自相）[1]。

显而易见，这种理论使有部学说与数论极为接近。后者也认为存在着永恒的物质及其短暂的现象演化。[2]因此，要特别提请学者注意，既不要弄混了两家教义，又不要忽视它们的差别。[3]当所有的现象停止，所有的力能消灭时，仍然有某种非实我灵魂的残余存在。它便是非人格的、永久不灭的绝对的死，同时它又是一种分离的元素、一种实在，是非实我状态下的相待法之实在性。28
这一实在性与数论学说中未分化的物质（prakṛti，自性）的实在性极其相似。它是永恒的、绝对的死。[4]

数论师是二元论者。除了永恒不灭的物质，他们又承认有永恒不死的灵魂。[5]后者恰恰是佛教徒所谴责的。月称[6]曾经这样提到过毗婆沙师："如果涅槃是实在自身，它就不可能是单一的消

① 关于这种将构成元素（法）分为两组的理论，O. 罗森堡在他的《佛教哲学诸问题》中（具体参见第九章及第十八章）有非常清楚的分析。如果德·拉·瓦勒·浦山对此书给予他应有的注意，他便不至于将毗婆沙师的涅槃视为天堂了。从他对此书所作的片面和不公正的评论看（见边码第21页），他完全误解了这部值得重视的著作。

② 参见原著者另一著作《佛教的中心概念和法的意义》第89页；另外可以参见《俱舍论·分别随眠品》（玄奘译本）中第25颂及释。——译者

③ 当毗婆沙师被紧紧追问法自性（dharma-svabhāva）的无我状态究竟是什么时，他们承认自己无法给出细节的描述。可参见拙著《佛教的中心概念和法的意义》第75、90页。

④ 或者它是某种极难界定的东西，niḥsattāsattam niḥsadasad nirasad avyaktam a pradhānam（亦非有性亦非无性，非有非无，非非无非显现之根本原料因）。*Vyāsa ad Y.S.*（《瑜伽经广疏》）Ⅱ，19.

⑤ 前者称自性，后者为神我（purusa）。前者为宇宙万有的根本原质，属物质演变尚未展开（avyakta，非变异）之前的状态；前者为原料因，后者为目的因。物质世界的演化是为了神我的享用，由此才有感觉、思维等出现。——译者

⑥ 约7世纪时印度佛教的著名学者。其传记和学术背景，参见原著者序及相关注释。

灭。当然，他们也已经宣称，涅槃当中有意识的止灭，这就像燃料用完后火也就熄灭了一样，但对我们来说，熄灭了的生命并不是本体（entity=bhāva）。”对此，毗婆沙师答复道：“你想必并未懂得涅槃是情欲（和生命）的止灭，而你必然会说：那称为涅槃的本体（dharma，法）便是其中情欲（和生命）已止灭了的事物。灯的熄灭就可为一实例，一定要以灯之熄灭来说明意识止灭之后留存下来的（再无造作性的无生）状态。”①

我们无须一味地强调这一部派的无神论倾向以及它对实体性的自我的否定；大众部②（Mahāsaṃghikas）、犊子部（Vātsīputrīyas）、经量部（Sautrāntikas）以及大乘论者都一面否定自我，另一面又变着方法承认自我。涅槃的状态，依据毗婆沙师的想象，有某几点极类似现代科学所假想的这么一种宇宙状况——当所有的能量耗尽之后，它仍然存在，因为能量（dharma-svabhāva，法之自性、法性）是永恒的，但它已不起作用。③一种其中所有能量（saṃskāras，

① Yasmin sati cetano vimokṣo（=nirodha）bhavati（心存处有解脱）。参见《瑜伽经广疏》第525页之9（原书补遗之译文）。

② 大众部属传统上座部佛教之一支。公元前4世纪，佛灭后因僧团内部根本分裂而独立出来，其许多见地预示着大乘思想的出现。以后从大众部中又分出一说部、说出世部、多闻部等九派。其主张大概可以规定为：一切存在均非实体、心之本质本来清净、世等具有超人类超自然之本性等。——译者

③ 依据热力学第二定理来讨论宇宙存在状态问题时，会有这样一种假说：既然对于任何孤立系统，当宏观过程在系统各部分之间具有温度差的条件下进行时，则温度差将趋于逐渐消失。而在孤立系统中，没有温差的热运动是不可能再转化为功的。那么当宇宙中各处的温度差完全消失以后，热运动自然消灭。一切宏观的变化也都停止，能量的总值虽然不变，但已不可能再加利用，宇宙陷入了死灭状态，亦称热寂状态。当然，反驳此说的人认为宇宙并不能视为一个孤立系统。舍尔巴茨基此处借热寂说明涅槃状态是颇耐人寻味的。——译者

行）均已消灭的状态不可能是精神性的。[1]当然，朴素的物质主义将被称作断灭论（uccheda-vāda）[2]，而我们知道佛陀曾对断灭论进行过强烈的抨击。但是朴素的物质主义，无论在印度还是在别的地方，它都以为一旦死亡便是涅槃（dehocchedo mokṣaḥ[3]，解脱即是断灭）。而绝没有在未来的生命中为自己的行为承受报应一事。在佛陀所想象的这个复杂的世界结构中，组成个人生命存在的诸元素逐步地、一个接一个地被抑制而趋向安宁和止灭的境地，直到最终，它们完全消失于涅槃中间——而这不过是道德法则的实
现。世界是由业（karma）创造的。这等于是宣称一种不断积累善 29
德（功德）的影响支配下的进化观。[4]朴素的物质主义并未给道德法则留下活动范围。不过，按佛陀的说法，一个永恒不死的精神原理同样也取消了道德法则。这一道德律驱使有情世间经历一个漫长的进化过程，最终进入寂静的状态，其中虽然无实我，但却有某种非我的、否定性的东西。[5]在这个意义上，毗婆沙师的世界

---

① 对于印度人关于涅槃的玄想，欧洲神秘论者是不加分别、平等看待的。他们宣称，尽管涅槃对理性来说是否定性的，但在感情上却是积极肯定的。参见海勒尔前所引书第41页、R.奥托的《圣者》（*Das Heilige*）。

② 参见第二章原书第15页之注2。

③ 参见《摄一切见论》（*Sarvadarśana-saṃgraha*）第3页（印度文库版）。

译者补注：《摄一切见论》为印度13世纪吠檀多学者马达婆（Mādhava，约1200—1300年在世）所撰之概述当时印度各哲学派别见解的纲要书，态度较为客观，为研究中世印度哲学史的重要参考书。

④ 参见O.罗森堡前所引书《佛教哲学诸问题》第16章。

⑤ 浦山从众贤（Saṁghabhadra）（《顺正理论》的著者）和《俱舍论》（第二之55）所引证的参考材料都仅仅是断定毗婆沙师的涅槃是vastu（事，实事），而没有说它是活着的或精神性的。

观极类似现代科学基础上的唯物主义。[①]

译者补注：众贤约5世纪时北印度人。生于迦湿弥罗，从说一切有部出家。因不满世亲在《俱舍论》中对有部的批判态度，而著《俱舍雹论》抨击世亲，此即《顺正理论》80卷。另著有《显宗论》40卷。

① 姉崎正治教授在《日莲》（剑桥，1916年）第137页及以下提到佛教中包含着唯物主义派别，他说佛教的对手抨击佛教为唯物主义时，曾指出毗婆沙师便是唯物论。可以作为一件趣事补充的还有，当外贝加尔新建立的布里亚特共和国的教育当局展开反宗教的宣传时，他们首先抨击的是民间流行的轮回教义并且坚持说，现代科学证明了唯物主义的宇宙观。但当地的佛教喇嘛——当然是大乘佛教徒——撰写小册子加以反驳，并在其中发展了这种说法，他们说自己并非不知道唯物主义，因为毗婆沙师派便是这样说的：生命达涅槃之后便永远停止了。

第九章　经量部

如前面已说过的，经量部的哲学倾向颇为特殊。他们否认过去和未来的构成元素与现在的元素是同等意义的存在。[①]过去是曾存在过，而未来则是先未存在之后的将存在。结果，他们也就拒绝了两重性的构成元素，即永久不变的本质与（非永久不灭的）现象。他们承认的只是这些现象的实在性。涅槃是这些现象的绝对终点，是情欲与生命的终结（kleśa-janmanor kṣayaḥ）。这种终结没有任何肯定的对应物。[②]该部派坚决主张，涅槃事实上只是生命过程的终结，生命止灭之后不再有无生的实体（dharma，法）作为残存物或支撑基础留下[③]，从而涅槃不再含有任何唯实论的实在品格。经量部的否定说法并非不承认一般的涅槃，也并非不承认某一观念论的绝对。可以说没有了涅槃，也就不再有佛教。因为若无涅槃，便没有佛陀可言了。但经量部在此是同大乘论者的

---

① 此处经量部的批评意见是针对的说一切有部的毗婆沙师。可参见第八章。另参见本书作者的《佛教的中心概念和法的意义》。——译者

② 这句的意思是说，此生命的终结仅为烦恼不生，业报已尽。仅仅是对世间现象生命的否定而已，并未表明此消灭是一种什么境界。一句话，只是对过去的否定，而无意表明涅槃证得后究竟是什么。——译者

③ 参见边码第75页。——译者

立场一样的，他们否认了唯实在论的涅槃。

经量部的早期著作，前文中已经指出[①]，我们今天已无从读到。
30 该部也许有过大量的哲学建树。后期经量部同大乘论者合流，形成了经量-瑜伽部及中观-经量部。[②]仅此事实便可以证明，经量部在至关重要的诸如涅槃和佛陀的问题上是紧紧地与大乘站在一起的。[③]从而就其特征而言，可以作为一个过渡性的部派。

从藏传方面的资料[④]，我们知道经量部也承认法身（dharmakāya）的理论，也即承认具有神圣性的世尊。这便解决了我们讨论的问题，因为这一信也是所有大乘各宗派均共同受持的。经量部与大乘论者的区别之处在于，它承认现象世界的实在性。他们认为现象世界包含了感觉材料（受）、意识（想）和意志（思）。一切本体被归结为刹那性的闪现[⑤]，而后者仍被看作是真实性的，并不是

① 参见边码第66页。——译者

② 参见瓦西里耶夫（Wassilief）之《佛教：其教理、历史及文献》（*Der Buddhismus, Seine Dogmen, Geschichte und Literatur*，1860年，圣彼得堡，第321页）。

③ 近现代学者都指出了经量部佛学在由小乘向大乘过渡中的作用。世亲的《俱舍论》采取了经量部义批判毗婆沙师，由此还引起众贤的不满，后者遂造《俱舍雹论》；师子铠的《成实论》也流露了经量部学说的意味，如其中主张五取蕴是假名非实在，而四尘（色香味触）为实法。经量部是部分主张外境实有的。——译者

④ 参见瓦西里耶夫前所引书第286页。

译者补注：此指《异部宗轮论》（*Samaya-bheda-uparacana-cakra*）的藏译本；此论亦有汉译本。除奘译本外，另有陈真谛之异译本《部执异论》及失佚之《十八部论》。

⑤ 佛教各宗派基本上都同意刹那消灭的学说，但具体的差别仍然存在，至少可以分为古和新两种意思。前者称为“依灭性而来的刹那灭论证”（vinaśitvānumāna），后者称为“依存在性而来的刹那灭论证”（sattvānumāna）；前者又称“灭无因说”，可见于《俱舍论》等，甚而法称作《量抉择论》仍采旧说，《因一滴论》则新旧说并存；至于新说则是法称之后的事。参见御牧克己之“刹那灭论证”（载《讲座大乘佛教》Ⅳ，第218页，东京，昭和五十九年）。——译者

幻相和影子。

经量部既不承认大乘的观念论者所主张的一元论精神原理（Âlaya-vijñāna，阿赖耶识），也不承认中观派的相对性（Śūnya-vāda）原理。经量部所有论议的基本线索，我们只能从世友（Vasumitra）论早期佛教部派的那部书[①]中去了解。世友本人是经量部论者。他在书末列举了经量部的基本教条，这是信奉该部的人一般都接受的主张。这中间（在第三项之下）我们发现他们主张有两种构成元素（skandha，蕴）[②]。除了那些在涅槃时服从完全寂灭的元素，尚有一种精微难言的意识存在于涅槃之后，而其前世身不过是此意识的某种现象。[③]这段材料藏文本也有。这里我们发现的是唯识论者的阿赖耶识的观念雏形。如果后来经量部反对这一信条[④]，那么大约是因为唯识论者的体系中，这一观念是与

① 《异部宗轮论》之首次英译为瓦西里耶夫所作，译本附于其前引书中。最近的新译本为增田慈良完成，并附有丰富且颇有指导意义的注释。该译本发表于《大亚洲》（杂志）（*Asin Major*, Ⅱ, 1，第1—78页，莱比锡，1925年）。

译者补注：据日本学者研究，叫世友的共有五位。第一个是佛灭三百年初作《品类足论》和《界身足论》者；第二个是佛灭四百年的有部四大论师之一；第三个是经量部中另一位论师（因为有说《异部宗轮论》的作者也是经量部论师的）；第四位为佛灭千年时人；第五个是玄奘在印度曾问学的老师。一般认为《异部宗轮论》实为第二位世友所著。参见《国译大藏经论部》卷13《异部宗轮论》题解。

② 《异部宗轮论》言及经量部主张，其义大致分三层。一说何以经量部又名说转部（Saṇkratika）；进而举经量部有关烦恼的看法（无漏圣道说）；第三则说有“根边蕴”与“一味蕴”的两种构成元素。——译者

③ 参见瓦西里耶夫前所引书之第273页及以下。

④ 我们依据玄奘译、窥基注疏的《异部宗轮论》，知道相当于唯识宗之阿赖耶的一味蕴与作为世间五蕴之身根据的根边蕴的关系。前者是“无始来辗转和合一味而转”，“曾不间断”，它自身恒常，是根边蕴的依据；根边蕴是现象界的自我，所谓五蕴以其为根，从上有聚合之后。此论中的经量部说持胜义补特伽罗。联系其一味蕴，似无悖理。

外部世界的虚幻性相关联的，而经量部始终坚持外部世界的实在性[①]。

很有可能，经量部在这一点上只是大众部（Mahāsaṃghikas）的后继者。后者坚持了那使它一开始就区别于小乘其他部派的基本倾向，代表了对小乘其他部派的抗议。因为他们将佛陀视为本质上是人（而不是神），并且主张一旦进入唯实论的涅槃，如
31 来也就完完全全地消失了。既然所有大乘各宗派都对如来法身（dharmakāya）有自己的一套哲学上的讲法，与此相似，经量部在解说它时，也就将其人格化为微细的意识了。[②]

不过，吕澂先生在《印度佛学源流略佛》第314页上讲，经量部有胜义补特伽罗的说法属“明明误传”，吕澂先生的依据在清辨《中观心论释》，其中谓经量部本宗说补特伽罗于胜义中也不可能。舍氏必注意到此矛盾，故说经量部以后反对有一味蕴。——译者

① 实际上经量部本宗学说如果以胜受（室利罗多）主张为准，他所主张的“随界”即来自《大乘阿毗达磨经》的藏识的启发以及早期经量部师的细心说。藏识已经预示了以后瑜伽行的学说。因而舍尔巴茨基认为经量部立场前后期变化极大。——译者

② 这样看来，H.克恩（Kern）教授（《印度佛教手册》第123页）所主张的“在古老的部派中间，大众部怀有与大乘一样的见解”的说法是正确的。这一点同样也很清楚：犊子部所以要坚持补特伽罗实我说，其目的只是从哲学方面来证成他们主张的佛世尊是超自然的永恒生命的教义。这就间接地证明了真正的原始佛教会有多大的哲学意味。犊子部据以支持其补特伽罗实我说的论议特征是极有说明性的：它不在五蕴法（dharma）中——他们不得不这么主张。因为世尊对实我的断然否定，言犹在耳、记忆犹新；但补特伽罗又不可能不在五蕴当中（因为它要维系有情五蕴，所以才说补特伽罗“非即蕴非离蕴”。——译者）。明白宣称我为实有，是不符合圣语的。佛陀对实我的否定已是如此斩钉截铁、毫不含糊。否则，犊子部何必转弯抹角地绕过佛的断语呢。另参见《俱舍论》第九（无我品）及拙译《灵魂的理论》第830页。

第十章　瑜伽行派

这是圣无著（Âryāsanga）在4—5世纪创立的观念论派别。[①]

佛教哲学史上，观念论的见解在不同的宗派当中有过多次多处的显露。首先，我们可以看看《楞伽经》（Lankāvatāra-sutra）这一类的经典[②]。该经的文句让我们联想到，它是对《奥义书》风

---

① 所谓观念论，原文为idealistic school。它的确有“唯心主义”的色彩，“万法唯识、心外无境”当然有强烈的唯心主义的意味。瑜伽行派的创立，可以追溯到弥勒（据说270—350年在世）的身上，但学术界认为他只是传说中的人物，未必确有。汉藏资料及日本佛教均以弥勒为瑜伽行派初祖，而无著、世亲分别为二祖、三祖。弥勒著作有《瑜伽师地论》《分别瑜伽论》《辨中边论》《大乘庄严经论》《金刚般若论》，称“弥勒五部”。

② 《楞伽经》第182—186页（东京，1924年刊行本）提到有二十余种对涅槃的见解。第一种显然是小乘的见地，最后一种似为瑜伽行派的看法。所有这些看法，均依据中观论者的立场，即涅槃不可说的看法受到驳斥。不过这中间所举的好些涅槃定义，显然是历史上不曾有过的；而那些真有可能存在过的，又因其表述晦涩而难以辨识。这是一部充满想象的文学作品。该经有一个圣天（Âryadeva）的疏本，图齐（Tucci）译出载于《通报》第25期（另外还有托名马鸣、龙树和圣天的本子。本经中最后一种说法，第184页，I.15以下），显然是被当成是最合理的（pour la bonne bouche）或者是最佳方案提出来的，但疏本中却没有对它的解释。这一点并未漏过E.伯努夫（Burnouf）的眼睛（参见他的《印度佛教史导论》第462页）。他说，这里好像是在驳斥什么主张，实际上，这正是著者要表达的主张。我发现图齐的译注本未指出这点。

译者补注：1.《入楞伽经·涅槃品第六》（汉译本，菩提留支译，《大正藏》卷16，第549页，中及下）有此一段，其上所述不似驳斥外道邪见，录如次：“复次大慧，余建立法智者说言，如实见者唯是自心，而不取着外诸境界，离四种法，见一切法如彼法住。

格的模仿。它刻意采用非常感性的文字，而回避名词概念的精确性。此外，我们又知道有马鸣（Aśvaghosa）[①]、圣无著、陈那（Dignāga）三个系统。作为大乘论者，他们都主张观念的一元论，并且信奉如来法身（the Cosmical Body of the Buddha，佛之宇宙身）的学说。不过，在体证这一独特实体的过程中，他们又都承认存在着一个原初的或具有覆藏功能的意识（ālaya-vijñāna，
32 藏识=阿赖耶识），此外还有小乘学说中也承认的不确定的意识[②]（citta心=manas意=vijñāna识）；与此同时，他们又都否认外部世

不见自心分别之相，不堕二边，不见能取可取境界，见世间建立一切不实迷如实法，以不取诸法名之为实，以自内身证圣智法，如实而知二种无我，于二种烦恼垢，清净二障如实能知上上地相，入如来地，得如幻三昧，远离心意、意识、分别，如是等见，名为涅槃。”以上这一段当是舍氏所说的观念论的立场和主张。2.舍氏所引《楞伽经》是南条文雄刊行之梵本。南条文雄又与良芳氏将此经译为日文。铃木大拙对此经著有《梵、藏、汉、和对译楞伽经索引》并加刊行。古来此经有三种汉译本：求那跋陀罗译之《楞伽阿跋多罗宝经》（四卷）、菩提留支译《楞伽经》（十卷）及实叉难陀译《大乘入楞伽经》（七卷）。世之流行本为四卷本。

① 这里作者说观念论的三个系统的三个代表，但对马鸣所代表的观念论，而且是大乘观念论，没有明确说明。依据传统说法有以为马鸣是大乘论者的，那前提便是他真正是《大乘起信论》《金刚针论》等的著者，如果仅凭他的几部文学性极强的著作（如《佛所行传》《美难陀传》乃至《大庄严论经》），都是很难了解他的“观念论”体系的。先辈学者吕澂视其为经量部前身之一类譬喻师。参见《印度佛学源流略讲》第147页。——译者

② 所谓识蕴，指的是无分别智（nirvikalpakan-jñānam），而想蕴（saṃjñā-skandha）正是有分别智（savikalpakam jñānam）。两者的分辨，我在《佛教的中心概念和法的意义》中（第18—19页）已有说明，这一点可由邬德衍那的《清净论》（Udayana, *Pariśuddhi*，第213—214页；印度文库本）得以证明。

译者补注：邬德衍那，印度正统哲学派别中的正理学者，约10世纪时人，著述甚广，对新正理的形成极有贡献。此处所引著作全名为*Nyayavārtikatātparya-pariśuddhi*（《正理释补疏记补正》）。其他正理著作还有：《正理花束》（*Nyaya-kusumanjali*）、《基罗那婆利疏》（*Kiranavali*）、《神我真实分别论》《*Âtmatattvaviveka*》等。

界的实在性。从而他们改造了小乘视一切诸法为实在元素的立场。将诸法改变成为了单一的意识原理的现象形态。马鸣的学说[①]中所有的根本要点都与中观派的见地相同，但他又接受了那个“一切藏识”即阿赖耶识的理论。随着包含在这个根本藏识中的意识觉醒而真如实性（tathatā）便得渐次展开，最后形成无上的般若智。[②]

瑜伽行派又可以区分为古学与今学两家。[③]

前者追随圣无著，后者循陈那的路子。前者建立其观念论见

---

① 此处的大乘论者马鸣是否就是《佛所行赞》的作者，尚有疑问。关于他的学说体系，可参见铃木大拙对《大乘起信论》的讨论（Suzuki, *Discourse on the Awakening of the faith*，芝加哥，1900年）以及山上曹源的《佛教思想大系》（Yama Kami, *Systems of Buddhist Thought*，加尔各答，1912年，第252页及以下）。

译者补注：关于《大乘起信论》古来就有指其为中国伪撰的说法，近世以来，中日学者仍在争论其真伪。隋开皇十四年（594年）法经撰《众经目录》时首次提出对“人云真谛译”提出疑问。近世则有日本学者望月信亨、松元文三郎等重提旧事，辨其真伪。大致说来，主张该论为印度著述者有常盘大定、羽溪了谛，力主为中国撰述者有村上专精、望月氏、松元氏；中国佛学界认为出自此土撰述者有梁启超、欧阳渐；认为确系印土所出者有章太炎、太虚法师。参见吾师杜继文所著《大乘起信论全译》第3—6页（巴蜀书社，1992年）。

② 对于无著学说体系的清楚说明可见世亲所著的《唯识三十颂》（*Trimsikā*），坚慧（安慧）注释。法人列维有梵文刊行本（巴黎，1925年）。另参见山上曹源前所引书第210页及以下；B. 凯思（Keith）的《印度和锡兰佛教哲学》第242页及以下，其中对相关文献有所提示。而一支更具有清晰观念论色彩的（第三家）派别被列出来，可参见瓦西里耶夫所译俄文本之《多罗那他佛教史》第76页。

③ 此即指唯识古学和唯识今学。前者与世亲学说更接近，代表有难陀和安慧两家；唯识今学的代表为陈那。本书舍氏采取划分古今的标准是无著，估计因为他认为世亲之学本于无著。另外，本书译者并未区分瑜伽行派与唯识学派，因为两个名称强调的是同一宗派的教行和教理两个方面。一是修习实践，一是理论说明。——译者

地的基础是对古阿毗达磨的新解释[①]。无著本人编纂了一部大乘的阿毗达磨论，其中有关构成元素的项目从七十五法增加到了一百法。这中间的阿赖耶识是一种新的组合元素（法数），是藏室，一个实在又真实的仓库——一切未来观念的种子（bīja）以及过去行为的遗迹都储藏其中。[②]但它并非绝对者，由于所有含藏着的业的趋势（vipāka，异熟）[③]，阿赖耶仍属存在的现象部分。该学说体系中的藏识[④]，占据着类似数论学说中的原初物质（pradhāna）胜性[⑤]的位置。数论师将所有一切个别的对象及观念均视为原初物质呈

① 指*Mahāyāna-dbhidharma-samuccaya*（《大乘阿毗达磨集论》藏文大藏经《丹珠尔》部，卷32）。藏译名称为（*Chos mṇon-pa kun les btus-pao*）。汉译本有玄奘于唐永徽三年（652年）所译出的七卷本，收入《大正藏》卷32。——译者

② 此处"遗迹"，英文为traces，联系上下文指行为的影响及后果，即现行的熏习作用，也即习气（vāsanā）。——译者

③ 参见《唯识三十颂》第18页之21（同前，列维刊行本）。

译者补注：据玄译本《唯识三十颁》之第18—19两偈如下："由一切种识，如是如是变。以辗转力故，种种分别生。由诸业习气，二取习气俱。前异熟既尽，复生余异熟。"此中"一切种识"即阿赖耶藏识，过去与未来的一切存在均在此藏识中进进出出，变现生灭；而驱动它们的能量只能是熏习（即习气或vāsanā）。习气的现实化、实在化便是异熟，而它接受现行影响吸收业的潜在能便成为种子。

④ 藏识，亦即阿赖耶识，它是自我及万有在未有变异之前的根本源，是现象世界得以展开的依据。但它与数论的自性（原初物质）有一根本区别。自性是无始无终的，是现象世界的本体。数论哲学没有超越它并否定的意思。唯识派以藏识说明的是现象世界的根源，但一经同实践论、解脱论相结合，唯识论者的目的是扬弃阿赖耶，超越此境界层面。那就是转识成智。——译者

⑤ 1.参见梵本《唯识三十颂》（列维刊行本原名为：*Trim. śika-vijñāptimātratā-siddhi, Deux Trailés de Vasubandhu; Viṃ śatikā et Triṃśikā*）；《三十颂成唯识论》（世亲的两个论：二十论颂和三十颂）（法兰西高等学院文库本，第245号，巴黎，1925年）；《大正藏》卷31，第1586号。（2）据玄奘译本录《三十颁》之第23—25颂如下：即依此三性，立彼三无性。故佛密意说，一切法无性。初即相无性，次无自然性。后由远离前，所执我法性。此诸法胜义，亦即是真如。常如其性故，即唯识实性。（3）正文中pradhāna一词是数论用语，亦可见于《楞伽经》。——译者

现的变化形成（pariṇāma，转变）。同样，唯识论者认为各别的所有观念都只是藏识的转变形式。这代表了那种关于思想的相续之 33
流的理论向某种实体灵魂的教义的明显回归。①在思想的相续之流当中，每一先行的意识、刹那都是后续刹那的原因。这种称为等无间缘（samanantara-pratyaya）的关系现在已经被藏识及其转变形式之间的关系（pariṇāma，转变，变异）取代了。②

不过，数论学说中的原初物质（自性）与其所展现的形式都是实在之物，而唯识论者认为它们二者都是非真实的。他们从先驱者中观派那里，接过了一切个别存在的相对性以及由相对性必然导致非实在性（Śūnyatā=niḥsvabhāvatā，空性亦即无自性）③的理论。这一理论的自然含义是：一切多元性的事物都是相对的不真实的，如果它们有区别，那只是引向不同程度的非真实而已。首先，个别的观念是不真实的，因为外部世界并没有与此观念相应的对等的实在之物，它们只不过是逻辑的构造（parikalpita，分别，妄想）。这被他们称作本质上的非实在性

① 参见《佛教的中心概念和法的意义》，第35页。

② 参见梵本《唯识三十颂》，第34页之5及以下。这是安慧对阿赖耶识的看法，另外的见地还有难陀、陈那、护法三家。参见西富纳（Schiefner）之德译本《多罗那他佛教史》第301页。

译者补注：（1）据汉译《印度佛教史》（即《多罗那他佛教史》，张建木由藏文译出，中国佛教协会印行，1983年）第13章，说龙树时代便已有唯识学，难陀尊者、波罗摩斯那尊者、三藐萨底耶尊者为前瑜伽师，其解说阿赖耶识不同于后瑜伽师无著、世亲兄弟（该书第38页）。（2）安慧约为470—550年之唯识大家；难陀约为6世纪时人，与上注之前瑜伽师难陀显系二人；陈那生期约为400—480年；护法亦为6世纪时人。

③ 参见梵本《唯识三十颂》第41页之2。

（lakṣaṇa-niḥsvabhāvatā，相无自性，分别识性）[①]。就它们都仍然服从因果原则（pratīya-samutpāda，相依缘起）[②]。就这一层意义而言，它们具有约定俗成的真实性（paratantra，依他性，缘起性）。他称此为因果的非真实性或相对性（utpatti-niḥsvabhāvatā，生无自性、依他起性）。归根结底，它们又是不真实的个别存在，因为它们会消融于那绝对者（tathatā 如实=dharmatā 法性）的唯一实在（parinișpanna，圆成实、真实性）中。这被他们称作作为一一各别本体的绝对非真实性（paramārtha-niḥsva-bhāvatā，胜义无自性）[③]。它与唯识论者所谓的绝对者中的实在性是相同的，这种实在性可以称为subspecie aeternitatis（永恒之相后）的实在性。从而这个绝对者成为了相对于现象世界的内在的东西，与之并非不同，也并非相同（nānya nānanya，非异非非异）[④]。作为各别观念的集合体，它是有区别的，但作为一个有机的整体，它又是同一的。它是精神性的绝对之物（citta-dharmatā[⑤]，心法性），是纯粹意识，其中没有主体与客体的差别（grāhya-grāhaka-rahita，能取所取分别）[⑥]。它是实在的本质（dharma-dhatu，法界），因而与如来

---

① 参见梵本《唯识三十颂》，第41页之14。

② 参见梵本《唯识三十颂》，第41页之18“由缘起故，识为实有”（vijñānam pratīya-samuṭpannatvād dravyatósī）。

③ 参见梵本《唯识三十颂》，第41页之23—24。整个瑜伽行派的名相间关系形成的理论结构，可以参见本章末的附录——译者。

④ 参见梵本《唯识三十颂》，第40页之6。

⑤ 参见梵本《唯识三十颂》，第42页之16。

⑥ 参见梵本《唯识三十颂》，第40页之4。

法身（dharma-kāya）同一[①]。所有一切别的宗派用来规定此概念特征的种种同义名称都可以运用于它。[②]修瑜伽者被认为在神秘的直观境地可以直接地把握这种无分别的纯粹意识（advaya-lakṣaṇam vijñāpti-mātram）。这种认识方式称为不二法相唯识量[③]。

在《俱舍论》最后一品，世亲提到了大乘见地，谓一切分离的构成元素，亦即小乘的一切法，并没有终极实在性。[④]在写作此论的当时，世亲尚不同意这种看法，但后来，亦即世亲晚年，他 34
改变了立场，接受了他哥哥无著的观念论学说。无著本人似乎也曾在早年的某个时候，摇摆于大乘分立的两个基本路线之间。[⑤]但在他们学术生涯的末期，两兄弟的信念都确定下来——整个世界是由分别心的逻辑分别的产物[⑥]；所有一切分离各别的构成元素是相对的，自身并无实在性；但它们又都包含另外一种称"圆成实"（pariniṣpanna）的实在性，一种绝对物中的实在，若视为sub specie aeternitatis（永恒的相后者）的存在，它们又是真实的。解脱的理论是印度人头脑中最让人困惑的观念，它强调从轮回世间

---

① 参见梵本《唯识三十颂》，第43页之25。

② 参见梵本《唯识三十颂》，第23页之26。

③ 参见梵本《唯识三十颂》，第42页之20。

④ 参见浦山法译本《俱舍论》（第九品），第273页；另参见拙译《灵魂理论》，第858页。

⑤ 按西藏的说法，弥勒五部（参见前面原书第31页注1）中有的从瑜伽行派的立场出发而写作的，有的则是自续中观派的见地，也有的是应成中观派的见地。

⑥ 参见《唯识三十颂》第17偈（译者补录：是诸识转变，分别所分别。由此彼皆无，故一切唯识）中之sarvam vijnāptintātrakam（一切唯识）；另见安慧注释（第35页）说，此sarvam（一切）包括了现象世界和绝对之物。sarvam iti traidhātukam asṃskṛtamca（所谓一切，即三界和无为）。

向涅槃的转移[①]，主张逸出现象世界而进入绝对界。由于本体论思想的变化，使解脱的学说也经历了完全的变革。我们知道，小乘佛教中的世间与涅槃都是实在性的，那实现从轮回跃向涅槃转变的是修瑜伽者被唤起的神通力。佛教哲学家们由出神的冥想活动的实际体验获得启示：修瑜伽者可以抑制其某些感官的活动乃至知性能力的作用。既然如此，世界既然可以分析为支离的感觉和感性材料[②]，那么看来只能得出这样的逻辑结论——瑜伽行者可以

---

① 指transition（转移），若寻梵文，估计即āśrayaparāvrtti（转依）。据《成唯识论》卷9说："依，谓所依即依他起，以染净法为所依故；转，谓二分：转舍，转得。由数修习无分别智，断本识中二障（指我执、法执），故能转舍依他起上遍计所执，及能转得依他起中圆成实性。由转烦恼障得大涅槃，转所知障证无上觉。"简而言之，就是转识成智，转染成净。舍去现象的有情生死轮回的染秽执迷的世间，取得证真如正智，入于涅槃之常乐我净。——译者

② 这里涉及了瑜伽行哲学的本体论与认识论。参见舍尔巴茨基的《佛教逻辑》卷1中第二部分"可感知的世界"。这里只能极简略地介绍作者在正文中此段话的含义。首先，瑜伽行派的认识论采取了经量部学说并加以了绝对观念论的改造。经量论部分承认有外部对象，就经量部言，我们把握的世界是由感性材料和感觉（识）组成的。在刹那论的前提下，经量部认为认识第一刹那里根境相接，这时并无了别（知道）发生，这算是提供了感觉材料；第二刹那识了方起，它是无分别的感觉；这种感觉为分别的意识（知性）提供了分别构造共相事物的材料。由于心内外的事物均为刹那性，所以整个世界都是由已成过去法的感觉材料和感觉或者概念组成的。瑜伽行派的认识路子基本遵循经量部的说法，但有两点根本区别。一是瑜伽行派眼中没有外部对象。一切对象是意识中先天包含的（相分），这样感觉材料便成了纯主观的。二是根（感官）不是物质性的，它是受习气制约的识上之显色功能。这样便没有了实际的根境相接。五根现量（无分别的眼耳舌等的感知）作为感觉材料，分别意识作为分明的感觉，这两者与经量部认识过程是相应的。瑜伽行派的这种认识理论者与其救赎理论、解脱学说联系起来，我们便可以理解，何以他们要在经验的（依他起的）世界中培养不起惑造业的能力，从知性角度培养克服我执、法执的虚幻分别力；另一方面他们更强调凭修习瑜伽而获瑜伽现量——理性直观的能力。这也就是证真如的正智。正因为如此，舍氏在本书中几次说到瑜伽行派的克服有限性和经验性世界而趣向超越境界的解悦设想，完全是受了冥想禅定中离欲的禅悦的启发。——译者

完成永久止灭宇宙生命的任务。

大乘佛教引起的巨大变革是思想方法上的，它认为绝对者内在于此世间。因而没有必要再将现象世界的组合元素再转变成永恒不变的成分，无须再将有为法（saṃskṛta-dharmas）转化为无为法（asaṃskṛta-dharmas），将轮回转化为涅槃[1]这种变化实则是对问题的观察方式的变化。修瑜伽者的神秘力量现在给唤起来，不是要造成宇宙结构的真实改变，而只是为了用一种关于绝对真实者究竟是什么的直观认识，取代幼稚的不谙事理的人性中的错误观点。对于修瑜伽者，世界以另一种面貌呈现出来，在他看来，一一分离的各别事物都各各不真实，但又都有“永恒之相后”的真实。就他而言，宇宙的构成元素已不用转换为永恒成分，它们自身便是永恒的“寂静的”。 35

按照瑜伽行者们的说法，小乘佛教关于现象生命中活跃的分离元素以及涅槃境界中的寂静（śanta）与寂灭（niruddha）的观念，都是与理性相违背的。如果它们是真实的，那它们就不可能完全消失。按照这种理论，它们被宣称为永远寂静的，从一开始便是寂静的或消灭的（ādi-śānta，本寂）[2]。从超验的意义上说，如

---

① 亦即主张不证涅槃，入灭尽定。这在大乘方面称无住涅槃。——译者

② 参见《大庄严经论》（*Mahāyāna-sūtrā- laṁkāra*），刊行者列维（巴黎，1907年），第11品51及该书译本（巴黎，1911年）：ils (les dharmas) sont originellement en Paix et en état de Pari-Nirvāṇa（它们从本原上处于寂静与般涅槃中）。参见圣·沙耶尔（St. Schayer）的《基于无著〈大乘庄严经论〉的瑜伽行解脱观》（Die Erlōsunglehren des Yogacaras nach dem Sūtrālamkāra des Asanga）（*Für Indologie II*, 99ff.）。这种主张一切法从本质上说寂静（śānta=nivṛtta，止）的观念，是导向每一变化之相后的真实存在的理论的观念。龙树在《中观颂》（Ⅶ，16）中也有同样的说法。

果将它们视为活跃的，便是一种虚妄错觉。从而可以断言：涅槃是实在，而轮回世间是非实在。

在陈那的学说体系中，他完全放弃了古老的阿毗达磨，而代之以逻辑和认识论。陈那从一开始就改造了婆罗门的逻辑（nyāya，正理），并使之服从佛教的哲学观念。他对认识活动的分析，最终导致了这样一些观念①：极端的具体而个别之物（svalakṣaṇa，自相）；认识的本元，或者也可以称为认识的微分单元（differential）；存在与认识、主体与客体结合于其中的点刹那（point-instant=kṣaṇa）②。关于这个观念论派别对涅槃的看法，我们可以用法称在《成他相续论》③中的最后几句话来概括。当被问及：

译者补注：汉译本《中论》卷2《观三相品第七》第17偈有："若法从缘生，即是寂灭生。是故生生时，是二俱寂灭（pratītya yad yad bhavati tat tac chāntam svabhāvatah, tasmād utpadyamānam. ca śāntam utpattir eva ca）。"

① 陈那得出的这样一些观念对于晚期大乘佛学关系极大。正文中言及的观念有自相和自证分。自相是不可言说分别的刹那，作为客观的认识对象，它又是实在的基础；反映到主体的内部，它是纯粹的感知。自相通往佛教小乘部派的刹那学说，尤其联系到陈那对经量部学说的批判和吸收；自证分关系到陈那的有相唯识说，也直接关系到瑜伽行的整个认识体系。自相和人的智能否反映，如何反映自相，关系着瑜伽行派的带相说——sarupya的理论。自相刹那的本质描述也关系到经量部对有部"俱有因"的批判和瑜伽行对"等无间缘"的重视。参见吕澂：《印度佛学源流略讲》，第154页及以下；舍尔巴茨基的《佛教逻辑》中各处。——译者

② 点刹那（point-instant）是舍氏依据佛教各派基本同意的刹那生灭说而对kṣaṇa特性的总结。作者认为空间的延展、时间的连续均以此随生即灭之刹那为基本单元。刹那是佛教徒构筑相续的经验世界的哲学基石。参见其书《佛教逻辑》卷1。

译者补注：这当然是一种比喻的说法。如果佛教徒真的以点的延续扩展作为时空的基本单位，这里有些矛盾。点——如果真是点——无论如何不能连成一条线的，更不用说连成一个面、一个体。真正的点只是抽象的观念产物。

③ 本论中存在与认识的关系，被设想为在一刹那得以建立。关于此种说法，月称和陈那之间有过一场有趣的也是颇为复杂精细的讨论。此可见《中论释》第59页及以下，参见我的《佛教逻辑与认识论》（*Buddhist Logic and Epistemology*），第7章。

如何悉知悉了诸佛全智？如何悉知悉了没有二取分别（主客分别）的、人格化了的纯粹意识之诸佛世尊？他这样回答："诸佛世尊的真实存在性，超出了一一有情众生的小智知解。从任何一方面看，其圣性都绝非我们的语言可以表达，非我们的概念可以认识。"

本章的补充说明

于此有必要简略介绍瑜伽行派的唯识学说。依据玄奘所传护法一系的唯识理论，正文中所言的三性（遍计所执性、依他起性、圆成实性）是该宗从认识论角度提出的衡量一切存在的真实性标准。唯识宗显然批判性地继承了小乘说一切有部的五位七十五法——这是有部关于一切存在元素的详尽分类（参见舍氏《小乘佛学》）——但却作了根本立场的改革：对于有部，七十五种存在元素是实在的，或至少是反映到认识主体中的存在现象；而对于唯识宗，所有的存在元素——它们略有增加，扩大为五位百法（参见后所附五位百法表列）——却源自内心，属于主观的心识所变现。这样世界的过程便在唯识学说中转化为了观念论的由内而外的流动和变现。

五位百法实质上并非相互平列的，它们与绝对的本体的关系是有亲疏的，是有或现象或本源的差别的。以因缘性为中心，结合百法在认识判定价值方面的真伪，我们在真实的程度上分出三级，这便是所谓三性；而如果从非真实的程度上来区分呢？也相应有三极，即相无性、生无性和胜义无性，这也称为三无性。若以三性三无性的框架使存在的百法格式化，则初四位（心法、心所法、色法、不相应行法）的九十四法（存在元素）属于依他起性，具有生无性的权宜假有特征；第五位（无为法）属于圆成实性，具有胜义无性的根本真实特征。依据佛教的两极相融相通的辩证法则，也依据不同认识角度揭示同一对象的认识方法论，从本体与现象的对立统一关系看，所有五位百法均可作或有或无的执着，这就人为地纯主观地赋予了它们遍计所执性，而它们的本质特征是相无性的虚妄性。这样世界便可以分解为三个层面或依于认识的三个视角：

遍计所执性——情有理无——相无性——虚妄

依他起性——非有似有——生无性——假有

圆成实性——真空妙有——胜义无性——真实

一切存在元素，即百法以什么为依据呢？唯识宗认为，其本源在绝对精神性的阿赖耶识那里，阿赖耶识又称藏识。我们虽不能明确指证唯识宗藏识的准确来源，但可以认为，它显然是小乘经量部细心说、随界说、《大乘阿毗达磨经》的藏识一路发展下来的。百法分五大类（五位），其中无为法是藏识的对立面，生起关系上它不以根本阿赖耶识为因，但在消灭的角度看，它却不免是识灭的果，即除非将先天具有染污性质的识一一转化为智（慧），无为法境界是不能达到的。阿赖耶识何以会含藏并转化为一切存在现象呢？这里引出了唯识宗的宇宙发生论。唯识宗说人是种子所生。种子凭什么会生诸存在现象？因为其中包藏了有道德性质的（或善或恶，或无漏或有漏的）潜在势力——业习气。那么最初的潜势力是什么呢？他们说根源的根源是本有种子，即无始以来便存在的势力。如果深究，这是唯识说赖以立宗的公理，是假设而不容证明的理论前提。

对于唯识宗，依识不断转化的现象界除了以本有种子为动力外，还有一个新熏种子，熏习种子是后天的经验的认识活动中所造的业习气。种子的显现称现行。种子与现行是互为因果的。这一过程，若按《成唯识论》的讲法便是：先有本有种子为因，而造成前七识——八识理论于此只能列名于后，即根本藏识为阿赖耶；执阿赖耶为实我实法的末那识。阿赖耶为执着对象，末那为执着主体；其余六识一如小乘《俱舍论》所言之眼、耳、鼻、舌、身、意。八识合称心王八法。前七识即除阿赖耶根本识之余七法——之现行活动，又以现行为因，复于八识田中，即根本识中生各类种子；再以新熏种子为因，复于前七识中起现行；辗转相生，无有已时。所谓：种子生现行，现行生种子，三法辗转，因果同时。整个世界便纳入了这一无穷尽的因果系列。

结合前面我们所说唯识宗的存在论、宇宙发生论、因果论，也就必然引向作为宗教不可或缺的解脱论。唯识宗认为解脱的过程是由漏而无漏、由染而净、转识成智的过程，这一修证途径可概括为五重唯识观，即由浅而深地分为五个层次来观察识之本体的虚伪性，最后明了心外无境。五重观法的秩序是这样的：

第一，遣除遍计所执的虚妄，保存依他起和圆成实的真实。第二，观察依他起和圆成实两者，于依他起中放弃识中相分境，即认清对象的虚妄性；保存能缘的见分、自证分，即肯定认识主体。这是在认识论角度的去伪存真。第三，进而观察，见分、相分不过是自证分的作用变现，应该把握的是识的本体自证分。第四，进而从观识之体而观心体中有主有属，明心王为主、心所有为属的道理。第五，心王复有事理，相性的分别。心王，就其所显可说有事相，即以依他起性为本质；就所依言，可说有理性，以圆成实性为本质。第五重观法的目的就在于把握此本体。因而，五重唯识观可概括为：

一、遣虚存实识——空有相对为认识特征。

二、拾滥留纯识——心境相对为认识特征。

三、摄末归本识——体用相对为认识特征。

四、隐劣显胜识——王所相对为认识特征。

五、遣相证性识——事理相对为认识特征前第四种唯识观称相唯识，它在相方面下功夫；后一种唯识观直证本性，称性唯识。

唯识说的实践便是转识成智，变有漏有染为无漏无染，随其修证者在八识上由浅而深的实路，也就有了层次渐高的四种智慧。一旦转前五识为无漏，得成所作智；转第六识（心识）为无漏，得妙观察智；转第七识（末那识）为无漏，得成就平等性智；待第八识得转无漏，则智慧于宇宙万象无所不彻、无所不映，一切存在诸法纤毫无遗尽现光明之中，称大圆镜智，至此则入佛位了。

于此所以不惜赘言，是希望显示绝对实在（圆成实性）在有宗学说中从认识论到实践论的关键作用。围绕它，世界的真实程度可看为三性三无性、可分为性相、事理；就存在论而言，可分出客观精神单子——八识；就认识论而言，可以分出见、相、自证、证自证诸分；就解脱论而言，又有相应于把握存在深度的五重观法、四智等。

第十一章　中观派

大乘佛教的基础正是该派的哲学和辩证法系统。在佛教盛行的国家，尽管别的学说系统——如说一切有部的实在论和瑜伽行派的观念论——也在寺庙的学校中讲授和研究[1]，但通常人们认为，真正能够代表佛教精神的是中观学说。尽管这样，我们仍然可以 36
作这样的断定：大乘是地道的新宗教。它与早期佛教的差别是如此之大，以至于其所显示的与晚期婆罗门教的共同之点要多于与早期部派的共同点。O. 罗森堡教授称大乘佛教为一个单独的“教会”，将其在佛教中的地位比拟为罗马天主教会与新教教会的关系。[2]由于这个新的宗教认为有责任编纂一套新的经典，因而它与早期佛教的差异也许更大于天主教与新教的不同。

人们一直没有充分地意识到，那改变了佛教世界的是一场多么激烈的革命。直到公元1世纪，长时期以来一直隐伏在佛教运动中的新精神才成熟地显露出来。我们看到，一种无神论的、否认灵魂我的、指示个人最终解脱之道的哲学学说——它主张生命的

① 这里作者主要指的是藏传佛教寺庙中的情况，在那里显教扎仓中通常的教材就是《俱舍论》《瑜伽师地论》等。——译者

② 参见罗森堡教授：《佛教哲学诸问题》（*Probleme der Baddhistische Philosophie*），第19章（海德堡，1924年）。

绝对安宁止息。当初朴素的崇拜活动只是崇奉一位人间的创教者。而今它已经被一种气势磅礴的高教会所取代。当我们看见这个具有最高神祇，其下则领有一个颇为繁复的神谱和圣者系统的宗教；这个高度虔信主义的、重视仪式和僧侣组织的宗教；这个以普遍救赎一切有生之属为理想的，凭据诸佛菩萨的慈悲实行救赎的宗教；这个主张解脱并非消灭而是永生的宗教——至此我们当然有
37 理由这么认为：全部宗教历史上，人们很少能够看到，在声称源于同一创教者的庞大教会的范围内，分成新派与旧派两股潮流的大小乘，其间的差别竟有如此之大。①

但是，作为这一新宗教基础的哲学体系同那据认为曾赋予早期佛教灵感的悲观主义和怀疑主义仍然是紧密联系的。通常它被说成是后者的极端化流露或必然的逻辑后果。新宗教的思想特征被认为是“完全和纯粹的虚无主义”，是“那隐伏在原始佛教中基本原则的合理的逻辑结果”②。它被指责宣扬了这么一种学说：“所

① 佛教内的两大会众（大小乘）和平地同居共处于寺庙中，因为佛教徒都明智地承认了他们自己在本性上并无根本的差别。尽管有的是倾向于朴素的理性主义的低教会，有的则强调虔诚主义的热诚而被华丽的高教会（大乘）所吸引。他们将人分成了天生不同根性的，有的属低教会（hīnayāna小乘=hīnādhimukti乐小乘者），有的属高教会（大乘种），我们必须设想随着僧团发展壮大的过程，有些原来属小乘的寺院逐渐转到了大乘方面。实行佛教教育的寺院——它们可譬之于中世纪的大学——也扩展开来，里面增设了好多新的学院。其中接纳他们自己一派的寺院僧侣来专门研究他们尊奉的新经典，实行他们赋予特别意义的仪轨和其他宗教实践。今天我们在外贝加尔仍可以看到附设于寺院的时轮札仓（Kālacakra-college，时轮学院），其中有本派的专门殿堂、僧众、文献和崇拜仪式。关于佛教的不同寺院类型，B.巴洛丁（Baradiin）在最近出版的一部颇有指导意义的书——《蒙藏地方的佛寺》（俄文本）——中有所介绍（我在1925年去该地区访问时，得到过一部手写本）。

② 参见H. 克恩（Kern）：《印度佛教手册》（*Manual of Indian Buddhism*），第126页；A. 巴思：《故事编纂》（*Quarante ans, I*），第108页；浦山：《佛教》，第186页。

有我们观念的基础都是无本质的和空无的（识无自性故空）。”①它被说成是“极端地空除一切存在、直到否定一切造成万有归于虚无的否定主义”②。对这样一种教义来说，其关于实在性的概念便是“绝对空无”的概念③。大乘中观派由是被称作前所未有的最激进的虚无主义者。④如果同吠檀多作比较，后者的学说当中还断定说否定有其正面的对应物，而中观派连这点也不保留。在中观学说中，否定被描绘成“完全排他的终极目标”（Selbstzwek）⑤。

中观派在印度的敌手们对它所作的评价大致都是众口一词的。

---

① 参见雅各比《美国东方学协会通报》第31之第1页。

② 参见M.沃勒塞尔（Walleser）:《佛教哲学》（*Die Buddhistisch.Philosophie*），第二、三章；另该书中之“早期吠檀多派”（Der ltere Vedānta），第44页。

③ 参见B.凯思前所引书《印度和锡兰佛教哲学》，第237、239、247、261页。凯思教授阐发的意见，其中有的我以为极其正确，如说龙树的真正目标是要显示出：当理性发现了经验世界中绝望的二律背反时，它只能归咎于自身的无能。既然凯思教授也清楚，龙树并非唯一坚持这种论议方法的哲学家，其他许多有名的思想家也都遵循这一理路，那么为什么单单是龙树的基本思想才陷于“困难而且晦涩的”呢？凯思教授指出，一种原初的无差别的实在与如来法身是同一的。这是大乘的中心观念。他甚至还发现（第255页）大乘思想中的实在及相应的行动与吠檀学说的绝对之物相对照，令人触目的相似之处是很多的。所有这些看法又如何去协调同一作者在其他地方发表的自相冲突的意见呢？比如在第261页，凯思断定，对龙树而言，世界是“绝对的空无”，是“完完全全地不真实的”——我简直不知如何解释。或者凯思教授猜测，龙树完全不接受法身的教义？要不，他虽然接受这种教义，但并不懂得它会达到什么逻辑结果？或者“大乘佛教的那种积极方面（对于空的否定）”（第257页）只是在后来才由其否定面发展出来的？

④ 参见I.瓦赫（Wach）:《大乘》，第58页。

⑤ M.沃勒塞尔:《早期吠檀多派》（*Der āltere vedānta*），第42页。他的Selbstzwek（完全排他的终极目标）的说法是龙树本人明确无误地加以拒绝的。参见《中论》第24品及其他多处。

译者补注：观汉译本《中论》（鸠摩罗什译）之第24品第7偈，有此四句：“汝今实不能，知空空因缘。及知于空义，是故自生恼。”

38 库马立拉（Kumārila）指责它不但对外部世界的对象视而不见，而且还根本否定了我们观念的实在性。①另外一位大家瓦恰斯帕底弥希罗（Vācaspatimiśra）②对佛教逻辑学家们倒是充满敬意，但对于中观派却流露了极度的轻蔑，他只称他们为傻瓜，③指责他们将认识化为了虚无。商羯罗也批判他们无视一切逻辑的态度，甚至宣称不愿与他们辩论问题。商羯罗所持的立场很有些意思，因为从骨子里说，他与中观论者是殊无二致的，至少在主要的特征上他们并没有分别，因为他们两家都一样地主张唯一无二者的实在性和任何非单一者的虚幻性。④不过，商羯罗作为佛教的最激烈

① 参见《颂释补·破外境说》（*Ślokavārtika, Nirālambanavāda*）第14颂。事实上中观派否认了量的可靠性并且认为内在与外在是相对待的术语，离此对待关系没有丝毫的意义。参见本书边码第42页。

译者补注：库马立拉，650—750年之印度学者。哲学立场属于正统哲学之弥曼差一派。《颂释补》是他的三部重要著作之一，综述名家哲学纲要，以韵文写成。原为《弥曼差经》的萨跋罗斯马米（Śabarasvamin，550—600年）的注释书之复注本。其中除表明弥曼差之哲学、逻辑等见解外，搜集了佛教大乘空有两宗等的学说主张。

② 瓦恰斯帕底弥希罗，约9世纪时印度哲学家，其学说系统有说属吠檀多，也有说属正理一胜论派。但对各派重要典籍都有优秀注释。如：《正理释补疏记补正》（*Nyayavartikatatparyatika*）是正理系统的；对数论的注释书有*Sāmkhyatattvakaumudī*；有关于《瑜伽经》的注释有Tattvai Śāradī等。——译者

③ devānām-priya（直译：假装成神的），参见《正理经注》（*Tātparyatika*）第341页之23、第469页之9。

④ 前注所引书（《正理经注》）之IV.1.18："Sarvaśūnyatve khyāvātur abhāvāt khyāter adhāvaḥ（如果一切是空，则认识主体及认识作用俱为空了）." 瓦恰斯帕底弥希罗知道，如果他们否定了abhāva（非有），那他们同样是否定bhāva（有）的。参见《帕默底注》（*Bhamati*，即《梵经注》）V.S.I, 2, 32）："na ca nistattvataiva tattvam bhāvānām, tathā sati hi tattvābhāvaḥ syāt, so'pica vicāram na sahata ity uktam bhavalbhiḥ（种种事物的本质就是无自性。因为假使否定了它，也就否定了世上事物的本质。如你所说这是经不起进一步考察的）." 他也知道将每一事物转变成非有（abhāva，空），等于是将实在性赋予非实在性，等于把一个空（非有）分离出来（参见同书第389页）。不过这些并不妨碍他重复对世俗大众的批评。

怨敌，嘴上决不肯承认这点罢了。因此，他也以一种轻蔑的态度来对待大乘中观派，只不过他之轻视中观派并非因为后者“否定了我们观念的实在性”，或者因为后者主张“绝对的空无”，而是痛恨它根本不承认通过逻辑的方法（pramāna，量）可以认识绝对之物。瓦恰斯帕底弥希罗在《帕默底疏》[①]中解释这点时，指出中观派所持的主张。后者认为，在诸如存在和非存在及究竟实在是什么东西的问题上，逻辑是无能为力的。而这种看法，众所周知，其实也是商羯罗本人同样怀有的。商羯罗自己也没有同意，逻辑手段在揭示绝对之物的本相时，是权威性的途径。不过，商羯罗认定无须逻辑也能解决问题是吠檀多派的特权，因为它可以依恃的还有启示。严格的逻辑性是它向别的敌对派别提出的要求。[②]顺 39

① 《帕默底注》（*the Bhamati*）是瓦恰斯帕底弥希罗给商羯罗的《梵经注》作的复注。——译者

② 参见道森（Deussen）:《吠檀多学说体系》（*Das System des Vedānta*），第99页；商羯罗:《吠檀多经疏释》Ⅱ, 2, 38。中观派不承认逻辑的可靠性，也即否认了推理性的概念思维可以达到对终极真理的认识。当它被指责，说它表明这一论点也得利用逻辑论证时，中观派答复说，世间生活中的逻辑是足以显示所有一切相互矛盾的学说的，但我们的根本观念却经受不住严格的检验。参见瓦恰斯帕底弥希罗:《正理经释补疏正》（Tātparya-tīkā, p.249）：“avicārita siddhaiḥ pramāṇair itareṣām-prāmāṇyam pratiṣidhyate（对于世人未经仔细考察而接受的知识，其认为可作为知识根据的根据是不能承认的）.”这正是室利哈沙（Śrīharṣa）的立场，不过他以极度的精微和创造性使之高度发展了，他在著作《能破所破精义》（又名《诘蜜》，*khaṇḍana-khaṇda-khādya*）中公开承认佛教与吠檀多并无大的差别，而这正是商羯罗要掩盖的。但在后期的著作中，如《吠檀多要言》（*Vedānta-paribhāṣā*）或《正理甘露》（*Nyāyamakarānda*）等中，为证明梵而另外建立了别的不同的量。商羯罗在注《吠檀多经》时，为反驳佛教，运用了一些他自己并不相信而只有实在论者才会采用的理由（参该经注Ⅱ.2.28）。因而，他的论争方法并非“依自所说”（sva-matena，自证所成），而是“随他人所说”（paramatam āśritya，随应的质疑），这是印度古代学者常用的辩论方法。关于道森的说明，

便补充一句，日本学者如铃木大拙、山上曹源、姉崎正治等人从来都没有将大乘中观派的哲学当作虚无主义或纯粹否定论的。这是因为他们自己对大乘的内容都有着亲切的内证了解。

这里我们只是稍稍提及一下小乘佛教哲学的基本要点，以便说明大乘的这种精神所引起的根本性变化，同时也有利于阐明这一哲学体系的真正目标。

参见所著书之第260页。他本来想借此证明“世俗的真实”（vyavahāsa-satya）。但这是误解，因为佛教徒从来就不否认vyavahāsa（世俗）以及saṃvṛtti（世谛）。与沃勒塞尔的意见不同（参见《早期吠檀多派》第43页，他认为这里表示的是我们观念的客观性，必须指出佛教徒并不否认于jñānākāra（智性），而商羯罗清楚地说，这里是指外部对象，而非观念。所以说tasmād artha-jñānayor bhedaḥ(由此故，对象与认识有所不同)。

译者补注：室利哈沙，生年为1150年前后，他是中世纪著名的不二论吠檀多派学者。

第十二章 小乘的因果理论

在我的前一部著作[①]中，我们总结了早期佛教（部派佛教）的特征，作为一种形而上的学说，它将存在本身分解为构成性的元素，并确立了一定数目的终极材料（dharma，法）。这些材料的配合然后被宣称代表着某种名义上的（从唯名论角度来看待的）实在，本身并无终极性。实体性的灵魂从而被改造为相续之流。它由相继迁流的各各分离的感觉刹那或者纯粹意识（vijñāna，识）[②]构成，其中又伴随着感觉（vedanā，感受）、想念（sañjñā，与语言一致的概念）、意志（saṃskāra，行；cetanā，思）[③]等。物质（rūpa，色）也被依据同一模式加以设想，是一个由瞬时闪现的刹那组成的流动系列，其中也没有持续性的质料。它具有不可穿透的（质碍性的）特点，并代表了感觉（十二处中的第1—5项）和感觉材料（十二处中的第7—11项）。从而世界被转换为电影的

---

① 指《佛教的中心概念和法的意义》，中译本名为《小乘佛学》。——译者

② 这或可称作心。——译者

③ 它们在汉译佛经中称受、想、思。著者在《佛教的中心概念和法的意义》一书中大致认为代表心中的表象作用、印象作用和意志作用。可以参见该书的附录二中之有部构成元素表。——译者

一一画面。①由于瞬时性的闪现并不真的就是运动，因而实体、属性和运动②的范畴便遭到了否定；那些实在性得以承认的，仅作为感觉材料的色和心的成分③所有这些元素性的构成材料都被认为受到因果法则的支配。而因果法则被加以改造，以迁就这个既不能运动又不会变化的本体的特性：这些一一的本体只能在相续之流中出现并随即消灭而已。因果联系被称作“相关性地配合生起”（pratītya-sam-utpāda，缘起，相依缘起），或者也称作“依于别他的存在”。它意味着每一刹那性的实体在其他刹那的配合之
40 下，倏忽地跃入存在或者一闪而现。它的表述公式是：“若此有则彼生。”④从而因果性被设想为仅存于诸刹那之间，一个刹那的出现，是一系列刹那配合出现的结果。严格地说，并不存在什么因果性，也并没有一事物产生其他事物的问题。不可能有质料因（causa materialis）存在，因为本没有持续性的实体；也不可能有效能因（causa efficiens），因为任一刹那性的实体，都是随生即灭的，它并不能对任何其他的实体产生影响。从而关于刹那的表述公式可以用另一种方法来补充“（法）不从自体（质料因）生，亦

---

① 参见舍尔巴茨基：《佛教逻辑》卷1之第二部分“可感知的世界”（英文版，列宁格勒，1930年）。——译者

② 印度哲学的胜论范畴体系中，这些被称为实（dravya）、德（guṇa）、业（karma）。——译者

③ 此又称为色与心二法。——译者

④ 这个公式可见于巴利语经典（《中部》Ⅱ，32；《相应部》Ⅱ，28等）、《俱舍论》（Ⅲ，18及28）以及《中论释》第10页。后一例中为asmin sati idam bhāvati, hrasve dīrgham yathā sati（彼有此生，譬如有短而有长）。这种表述公式很清楚指的是配合，而非因果作用。

不从他（效能因）生，亦不从二者生”[1]，“法得配合，而非实生”[2]。除了这些瞬时性的一一实体[3]，这个学说体系也承认有永恒不变的元素——空和涅槃，后者代表了那曾活跃于现象生命中而现在已经寂灭并转为永恒死亡的这些力能的某种不确定本质（dharma-svabhāva，法自性，法性）。从而现象世界的生命与这种绝对之物，亦即世间（saṃsāra）和涅槃（nirvāṇa），被认为是相互关联的，联系于一个总体（sarvam，所有，全体）[4]——但只是一个观念总体——之中的实在；这种实体因为是构成元素的组合，所以仅仅是名义上的（唯名论意义上的）存在。

---

① 参见《相应部》Ⅱ以及《中论释》Ⅰ, 1, Ⅻ, 1。

译者补注：其实《中论》中另有一颂几乎是逐字逐句与正文中这句相同的（汉译《中论》观因缘品第一之5）：“诸法不自生，亦不从他生。不共不无因，是故知无生。”

② 参见《中论释》第7页：“tat tat prāpya yad utpannam notpannam tat svabhāvataḥ（有得他物而生者，就其本性实无生）.” 另有：“paramārthato, tyatānutpādatvāt sarvadharmāṇām（若就胜义言，一切诸法毕竟不生）.”

③ 如果我没有搞错的话，这种因果观念认为：正确地说，不存在什么实在，实在的观念应该被点一刹那之间的配合法则所取消或取代。这种看法对于现代科学与哲学说来并不陌生，参见B. 罗素：“论因的观念”，载于《神秘主义和逻辑》，第194页，佛教的因果观念很近似于数学中的函数概念——“funktionelle Abhängigkeit”，在欧洲有这种因果概念的有达仑贝特（D'Alembert）、孔德（Comte）、克劳得·贝纳特（Claude Benard）、阿芬那留斯（Avenarius）、E. 马赫（Mach）等人。参见埃斯勒（Eisler）：《哲学辞典》，第338页。我希望不久能就此问题写一篇专论。

④ 参见《佛教的中心概念和法的意义》第6页及第54页注5。此处之sarvam，意即“一切”。

第十三章　大乘的变形的因果理论

然而，中观学说体系却以另外一种完全不同的实在观念作为出发点。所谓实在，便是那具有某种自身实在性（sva-bhāva，自性）的事物，是非因所生（akṛtaka，无作；asaṃskṛta，无为）的事物，是不依赖任何别他（paratra nirapekṣa，不待异法成，不与他相待）的事物。①小乘佛教中的构成元素，尽管它们相互之间是
41 既依赖又支持的（saṃskṛta 有为 =pratītya-samutpanna 缘生），但都是真实的（vastu，实事）；大乘佛教中，一切构成元素，因为其相互依持，才是非真实的（Śūnya 空 =svabhāva-śūnya 自性空）。②小乘佛教中，每一总体（rāś，集；聚 =avayavin 有分；由部分所组成

---

①　参见《中观论释》XV, 2。以下注释中，凡引文出处所标之罗马数字指的是龙树《中论颂》的品数；而阿拉伯数字则表示月称释的顺序（出自《佛教文库》第 4 卷）。

译者补注：《中论·观有无品》第 2 颂："性若是作者，云何有此义？性若为无作，不待异法成。"

②　显然，我们在此看见的是欧洲哲学研究者都很熟悉的，关于作为独立存在的某物的实体观念。参见斯宾诺莎关于实体所下的定义："quod in se est et perse concepitur（依据其自身而存在，并依据其自身而被考虑者）."这一观念导致的结果便是，或者是为了说明单个实体（monads）之间的相互依赖性而建立"harmonia generaliter stabilita（一般的调和稳定性）"的理论，或者是主张只存在唯一的实体。后一主张也是大乘佛教的，而前者属于小乘，其中单个实体之间的和谐是由作为特殊力能的业来完成的，这种力便是特殊之力或最初之动力。

者）被看作一种唯名论意义的存在（prajñāptisat，施设有，假定意义的存在），而仅有其部分或终极元素（dharma，法）才是真实的（vastu）；而大乘佛教中，一切作为部分或构成元素者俱不真实（Śūnya），而唯有总体——即那作为一切整体之部总体（dharmatā 法性=dharma-kāya法身）——才是真实。大乘给实在所下的定义是这样的：它不可当作外部事物认识、它是寂灭静止本身；它不可以语言分别、它也不是概念上的非实在、非多元——这也就是实在的本质。[①]一个有所依赖的存在并不是真正的存在，正如借来的钱算不得真正的财富。[②]从而，大乘抛弃了那种理论，即认为真实的存在仅为一刹那的生命。而如果一个东西持续两个刹那，则意味着它已是综合的产物并沦为了一般，绝对不属于个别的实在。而作为别的佛教部派思想标志的刹那性本体（Kṣaṇa）观念也被放弃了。[③]它们被视为不可证明的（asiddha，不成）、经不起批评的。[④]在小乘佛教中，个人（pudgala，补特伽罗）、自我（ātma，神我）消解在它的构成元素（skaṇdha-āyatana-dhātavah蕴处界=anātma无我）之中。大乘佛教的涅槃概念当中并无真实自我人格（pudgala-nairātmya，人无我），而只有闪现的力之聚集（saṃskāra-samūha，行聚）；相反，在大乘佛教中我们看到了对实在元素的否

① 《中论》第18品《观法品》第9偈："自知不随他，寂灭无戏论。无异无分别，是则名实相。"（此处所引参考汉译《中观论》青目释本。）

② 参见前所引之梵本《中论》第263页之3，其中有kālika-ayācitakam（一时乞讨所得）。

③ 参见前所引《中论》，第173页之9、第514页之13、第147页之4。

④ 参见前所引《中论》，第547页之1。

定（dharma-nairātmya，法无我），而在绝对整体（dharma-kāya法身）的意义上，全体反而得到了肯定。[①]简而言之，小乘学说中的
42 极端多元论，在大乘学说中转变成了极端一元论。

---

① 尽管小乘佛教将最终的构成元素之实在性推到了极致。但在其关于sarvam（一切）的观念和普遍性的因果性观念中，仍然预示着对整个观念论立场的重视（参见本书边码第54页及以下）。能作因（kāraṇa-hetu，亦称因缘）的范畴就肯定了某种因果关联的实在性。通过这样的因果，每一刹那实在所受到的限制（制约）只能来自全体的宇宙状态。(《俱舍论》II, 50中）它是这样表述的："svato'nye (sarve dharmāḥ) kāraṇa-hetuḥ（一切诸法即因缘）." 就是说，每一元素（或刹那）不可能是自身的因。因为所有其他的诸法——整个宇宙（都以某种方式）或直接或间接地——与它发生关系。既然所有的三个时间（adhvan），亦即所有未来、所有过去、所有现在的刹那都被包含在"一切诸法（sarve dharmāḥ）"的概念中，那么可以清楚地看到，尽管（整体）世界在小乘中是可以有效地分解为无数细微碎片的，但关于这个世界的总体观念的逻辑延续是可预见的。到了大乘时代，它被明确肯定下来。

第十四章　相对性的理论

从而，在大乘学说中，我们所面临的是关于诸构成元素的依赖性地配合存在理论的崭新解说。现在，它宣布一切依赖性的或相待性事物都不可能成为终极的实在，这一特有的主张从而也就被大乘推到极致。在小乘学说中，存在被二分为有制限的和不受制限的（saṃskṛta，有为；asaṃskṛta，无为），两者都是实在之物。而现在呢，它们中无一可以被认为是终极真实的，两者都属于一个更高的相待性之统一体。早期佛教的中心概念是关于终极构成元素的观念。佛教徒自己声称，无论是关于终极存在元素（蕴处界）的存在观念，还是元素间的相互依持的观念，或是四圣谛的观念，都是大小乘共同认可的。但在小乘中，这些观念联系到分离元素的实在性；而在大乘中它们又被解释为意指其相对性（相待性）或者非实在性。[①]我们运用了“相对的”（relative）一词

① 存在的构成要素，由于是相互依持的，所以便是非真实的。这一观念的萌芽显露于某些巴利语经典。至于月称本人对此也是承认的（参见《中论释》，第22页15及以下，载《佛教文库》第9卷）。但最低限度，这并不妨碍这一事实：小乘学说是极端多元论的体系，所有的法，乃至涅槃都是vastu（实事），而大乘论者是一元论的（advaya，不二；niṣprapañca，灭戏论）。很难有理由宣称小乘是不二论的体系（advaita）。但如果中观体系的特征是否定主义的，而所有的否定主义又被不加区分地当成一回事看待，当然便可以轻而易举地从《中部经典》（I.1）中也挑出十足的“般若波罗蜜多”（prajñā-

以描述这一事实：一事物只有依据其与别他事物相待关系的揭示，才能得以确认，若缺少这种关系，事物便无意义可言。既然如此，这等于是说，讨论中的这一事物并非真实。由于缺乏更佳的解决方案，我们不妨将“空的”（śūnya）译为“相对的（相待的）”或
43 者“偶然性的”，这样较为稳妥。相应地，“空（性）”（śūnyatā）也就译为了“相对性”（相待性）或“偶然性”①。这一处理方法，无论如何，都比将它译为日常生活中所指的“空”要好得多，后者毕竟不是哲学术语②。śūnya这一术语在大乘学说中是相待性存在（pratītya-samutpāda，缘生）的同义语，并不意指空洞的事物，而是某种缺乏独立的实在性的东西（svabhāva-śūnya，自性空）。其暗含的意义是：任何不具有浑然整体性③的东西都不能认为其有独立实在性。其更深一层的含义则是：实体是拒绝概念或言辞表述

---

pāramitā）来，并且也就可以像奥托·弗兰克（Otto Franke）那样主张“区别古代印度佛教的否定论与别的派别的否定学说是一个错误”（原文德文）[参见弗兰克（Franke）：《恩斯特·库恩纪念论文集》（*Ernst Kuhn Menmorial Volume*），第332页，慕尼黑，1916年]，同时也就难免像浦山所主张的那样宣称“巴利语的经典中也有大量中观哲学”（参见*ERE.* Ⅷ，第334页）

① 因而相对性观念是在某种一般泛化的意义上来看待的，如同亚里士多德在他的《形而上学》中所用的方法。在那里，亚氏之对待Ad aliquid（关系），并不把它当成分别的诸范畴中的一个，而是视作与所有范畴均有纠葛的东西（*G. Grote, Aristotle*, ed.Bain，第88页）；尽管亚氏并未主张相对者是不真实的，但他却宣称它是最低级的有（Ens，实在）（参见前所引书第85页）。他并未去分辨“有”是否自身也是相对的这一问题。

② 这里作者显然纯粹是以西方哲学的逻辑概念来看问题的，所以他才不承认“空”是一个哲学术语。大部分中日学者并不赞同以西方的逻辑概念一一来比附佛学概念。“格义”的注释法是早就被批判了的，尽管在一定程度上有利于门外汉的理解。——译者

③ 任何由部分组成的或可以再分析的东西都不是自在的或者实在的。在此意义上，真正的整体性才有实在性。——译者

的（niṣprapañca，离戏论）。因为言辞概念只能于实在之物上假施设（vikalpa，虚妄分别）而根本无从直接把握实在。大乘佛教的所有文献当中，有无数证据压倒性地证明了这一点。①它们非常强调地主张，这一术语绝非意指数学上的"空"或者只是简单的"不存在"。那些设想"śūnya就是空"的人，被宣布为出于某种完全的误解，被认为根本就没有掌握这一术语和它原本所指向的目标。②月称曾说："我们是相待论者，而非否定论者！"③中观派的教科书开宗明义便有两个偈颂，赞叹相待性的生起，亦即相对性。它可以这样翻译：

礼敬至善的佛，一切导师中之至尊者！

是他宣布了相对性的原理，

其说（宇宙之中）无物消失，

亦无物可以新生，无物终结，亦无物永恒不灭，

---

① 同前所引《中论》第491页之第一句"善灭诸戏论，如是说空义"（niravaśeṣa-prapañca-upaśamārtham śūnyatā upadiśyate）。同前所引《中论》第24品之18："一切缘起者（法），我说彼即空（yaḥ pratītyā-samutpādaḥ śūnyatām tām pracakṣmahe）。"（汉译本此为："是故一切法，无不是空者。"）同前所引书，第503页之13："种种依因缘生起者，如色识等相待生法并非自性生，这便是空性（yo'yam pratītya-samutpado hetupratyayān apekṣya rūpa-vijñānādīnām prādur-bhāvaḥ sa svabhāvena anutpādaḥ）。"第504页之3："若依缘而生，彼即所谓空（yaḥ pratyaya-adhinu saūnya śukta）。"第403页之1："若物非空……则非依因缘而生者（aśūnyam...apratītyas-amutpannam）。"第591页之6："此中一切存在，由依缘起故空，如是说一切论（iḥa sarva-bhāvānām pratītya-samutparnnatvāc chūnyatvam sakalena śāstreṇa pratipāditam）。"

② 参见《中论》，第24品之7（汉译本，罗什译）："汝今实不能，知空空因缘，及知于空义，是故自生恼。"前所引书第490页之11："na cāpi śunyatāyām yat prayojanam tad vijānāsi."

③ 同前注所引书，第368页之7。

无物同一于它自身，
也无物可以成为差异，
无物运动而去，亦无物运动而来。
它便是（涅槃），任何（可能的）
44 聚合者的吉祥寂灭。[①]

① 参见前所引《中观论释》梵本，第11页之13。

译者补注：依罗什译《中论》（青目释），此论开首之皈敬颂为：不生亦不灭，不常亦不断。不一亦不异，不来亦不出。能说是因缘，善灭诸戏论。我稽首礼佛，论说中第一。此颂为《中论》基本思想之一，历来备受重视。

第十五章　由神秘直观证得的实在且不朽的佛陀

按照小乘佛教徒的思想方法，已入于寂灭的佛陀的概念，仍然代表着某种永恒而非我的实体（svabhāva 自性=dharma 法）。但对于佛陀世尊的涅槃，龙树断然拒绝它有任何实在性，尽管佛已入涅槃但仍旧唤起龙树全部的敬畏之情。小乘佛教中，佛陀的涅槃被认为是整个世间进程的终极目标，涅槃实现于存在的相续之流（bhāvasaṃtati，有相续）当中。[①]

涅槃的佛可以是真实的存在，因为这一世间进程本身就是真实不虚的。但佛与世间并不是各自单独的存在。它们也是相互依赖和相互支持的。既然两者是相互联系的，也便不算绝对的实在。如同患眼疾的人会看见天上有两个月亮[②]，人类由于根深蒂固的无知，也会将每一实在分解为两个东西。只有深着无明[③]才会作此

---

① 参见前所引《中论释》之第432页以下。译者补注：这里应注意到Buddha的本义便是“觉者”，因而觉悟即是最终的流转生死的了结。

② 同前注所引第432页之10。

③ 此无明指avidyā，意为无知。其实正好是有知，自以为是之知才导致虚妄分别，才有了有与无的妄断。——译者

想象，认为小乘的佛陀自身会有任何实在性。但小乘的佛陀并非实有，因其没有自性（svabhāva）的缘故。但大乘学说并不如是，大乘的如来则有自性。所以法身（dharma-kāya）与自性身（svabhāvā-kāya）是等同一如的意思。[①]诸佛世尊从未宣说过或他们自己的实有，也未说过组成他们的身体的诸法是实有的教义。[②]不过，说佛世尊亦非实有，当然不是像愚钝凡夫所理解的那样——像小乘的佛那样没有实在性。小乘论者由于接受不了关于相待性（空）的[③]教义。如同狮子的吼声让他们怖畏，宗教信念薄弱的人面对至高的道理，就会望而却步[④]，如同羚羊惊恐中窜入实在论的黑暗。大乘论者对涅槃实性的否定，并不意味着也要连带着放弃甚至那解脱的愿望。当大乘论者说，小乘所认为的佛世尊尚非绝对真实者（niḥsvabhāva，无自性）时，如果他相信这种陈述是完全的真理（avipartiārtha，非颠倒义，真实义）[⑤]，那么他同时也必须承认，这也仍然不是在宣称最为究竟的含义。严格地说，他既不能断定佛世尊是相待的，也不

---

① 参见《中论·观如来品》第22中之2，4，16。译者补注：依罗什译《中论》补足此三偈颂如次：“阴合有如来，则无有自性，若无有自性，云何因他有？若无有自性，云何有他性，离自性他性，何名为如来？如来所有性，即是世间性，如来无有性，世间亦无性。”

② 同前注所引书第443页之2；参见第25品之24颂。

译者补注：《中论》25品之24颂为：“诸法不可得，灭一切戏论，无人亦无处，佛亦无所说。”从梵本看与舍氏的分析是有所不同的，如：Sarvo'palambho'paśama ḥprapañco'paśmaḥ sivaḥ na kva cit kasya cit kaś cid dharmo buddhe na deśitaḥ（一切有所得灭，一切戏论灭，是为吉祥；佛于任何处任何人不为说法）。

③ 参见前所引书第442页之13。

④ Svadhimukti-daridra（自我解脱不足；自身解脱贫困）；前注书之第443页之1。

⑤ 同前注所引书第443页之13。

能断定他是无待的，也不能说是有待无待的，也不能说是非有待非无待的。[1]所有这些论断都仍然不曾脱离世俗的约定（prajñāpti，施设）。它们是受到染秽的语言论断（āropito vyavahāraḥ，假说示现）。[2]真正的实在的佛世尊，必然是直观力（现量）所直接把握的。而那些应当保持缄默而不作回答的问题——诸如：世界有边无边？世尊灭后是有是无？——原本就都是无法回答的。这种 45
不可能性也被称为不可决定说。[3]如果你坚持世尊是实有真有，你也就必须退而承认，世尊于般涅槃后无物可存。[4]但如果你懂得了观念的相待性，则根本不会生起世尊究竟为有为无的困惑。佛陀消融于本有之寂静当中，超然于一切分别决定之上。[5]那些对于佛世尊硬要分辨出常与无常、有与非有、相待与无待、全智与非全智等的人，都只是迷于言辞而不自知。[6]他们对绝对无待的世

---

① 参见《中论·观如来品》第22之11。译者补注："空则不可说，非空不可说，共不共叵说，但以假名说。"（Śunyam iti navaktavyam aśunyam iti vābhāvet, vbhayaṃno'bhayaṃce'ti prajñapty arthaṃtukathyate）。

② 同前注所引书第441页之4。

③ 参见《中论·观如来品》第22之12。译者补注：（此偈颂为）"寂灭相中无，常无常等四，寂灭相中无，边无边等四。"（śāśvatā'sāśvatā'dy atrakhtaḥśānte catuṣṭayam, Antā'nantā'di cāpy atra kutaḥśāntc catuṣṭayaṃ）。

④ 参见《中论·观如来品》第22之14。译者补注：（此偈颂罗什译为）"如是性空中，思惟亦不可，如来灭度后，分别于有无。"梵文为：svabhāvataś ca śūnye śmiṃścintā naivo'papadyate, paraṃ nirodhād bhāvati buddho na bhavatitivā（在这自性上的空中，不容许去思维如来灭后存在与否的问题）。

⑤ 见前注所引书，第448页之1。

⑥ 参见《中论·观如来品》，第22之15。

译者补注："如来过戏论，而人生戏论，戏论破慧眼，是皆不见佛。"（此偈颂罗什译）梵文为："prapañcaya ye buddhaṃ- pra pañcā'tītam avyayaṃte prapañca-hata sarve na paṣyantit athāgathaṃ（对于超越于戏论而不坏损的佛陀去作戏论的人，因其戏论而不能见佛）."

尊，没有直接无碍的亲证直观（na pasyanti，无见，盲目）。如同生来就是瞎眼的人（生盲），不知白日丽天。[①]那些沉溺在约定俗成的概念中而不能自省者，当然不能“现见”佛世尊，而只是一味地以名言概念对他作种种分别（prapañcayanti，作戏论）。若依名言概念，佛不可以得现见（aparokṣa-vartin，现前所在）。[②]必须视佛世尊为宇宙法则（dharmataḥ，法性），佛身亦即宇宙本身（dharmatā，法性）。宇宙的本质是不可认知的，是不可能从概念结构上去把握的。[③]佛的真实即是宇宙的真实。因为佛并没有单独各别的真实性（niḥsvabhāva，无自性），故而离佛则宇宙别无真实性。一切诸法实在，一旦经由这种相对性的（绝对空的）原理而向下流注，立即变得熠熠生辉，森罗万象朗然光明。[④]所有百千亿的存在之物（bhūṭakoṭi，存在的极点，真实际，众生界）都必须视为显现于其中的佛世尊之法身。这就是相待（空），就是最高的智慧（prajñā-pāramitā，般若波罗蜜多）。[⑤]

---

① 同前所引书，第448页之10。

译者补注：按照提婆在《百论》中的说法，所有这些愚妄源于主观的分别，他称作“取相故缚”，所谓取相，亦即耽于概念分别。

② 参见前所引《中论释》，第448页之9。此现见即直接的感性知觉，其定义为pratyakṣam aparokṣam（现量〔以〕当下在眼前者〔为对象〕）（亦即指artha事而不是指jñāna智）。月称作的这个定义与陈那的定义——pratyakṣam kalpanāpodham（现量离分别）——正好相对。参见《中观论释》，第71页之10。月称的说法后来为吠檀多派（参见《吠檀多要言》，*Vedāntaparibhāṣā*）所接受；梵（brahma）之绝对者从而被宣布为是由感性直接知觉（现量）所认识的。

③ 参见前所引书，第448页之14—15。

④ 参见前所引书，第444页之9：“Prakṛti-prabhāsvarāḥ sarvadharmāḥ prajñāpāramitā-pariśuddhyā（一切诸法由般若波罗蜜多清净故，本性明净）.”

⑤ 参见《八千般若颂》（*Aṣṭas*, 94.14）：“如来之身所显，从其真际说，即为般若波罗蜜多（Tathāgata-kāya bhūta-koṭi prabhāvito draṣṭavyo yad uta prajñāpāramitā）。”

第十六章　关于涅槃的新观念

早期部派佛教及毗婆沙师在他们关于终极实在的清单中[1]，列入了那用于描绘涅槃的虚空和永久不灭的死，其理由便是它们具有某种性质、某种实在性、某种个别性，属于自身的存在，所有这些特性都符合众所共认的实在性定义（svabhāva-dhāraṇād 46
dharmaḥ，法者缘自性而有）。但到了经量部这里，像涅槃这样的一些绝对法，被从那些具有终极实在性的清单中移出来了。因为经量部认为，它们并没有有部所声称的单独的实在性。[2]中观派也不同意它们有什么绝对的实在性。中观论者的新实在定义就是

---

① 有部，特别是有部的毗婆沙师从哲学立场上看，都是实在论者。他们的口号是“三世实有”“法体恒有”。他们坚持万有都由诸法（构成元素）组成，而诸法的本体（他们称法体）在过去、现在、未来三个时间均保持自身同一性，属于真实存在。所谓诸法一共有七十五种，粗分五大类，称五位七十五法，此即文中所说“清单”。诸法又可分不变不动之恒常有与现象的变动不居之两种，前称“无为法”，后称“有为法”。参见《佛教的中心概念和法的意义》一书。——译者

② 经量部对有部的法之自身同一性和恒常性说法进行了批判和改造。《俱舍论·分别随眠品》第五有对说有部三世实有的批判和对有部四大论师的主张介绍，从中可以看出经量部对有部意见不以为然。对于经量部，色法中四大为实，心法为实；但心所有法（心之种种作用的抽象化实体化）、心不相应法（即非物质，亦非精神，而跨二者之间的关系状态的实体化）、无为法（非造作而永恒实有之法）则未被认为是实在者，仅仅是假名的（唯名论意义上的）存在；关于三世，经量部以为现在为实，而过去、未来是无体假有（参见本书第九章）。——译者

“凡有自性的东西就不该相待的”，反过来也可以说“一切诸法无待即自性”（anapekṣaḥ svabhāvaḥ，自性无待）所引出的结论。中观论者的这一新批判武器结果证明了：它比经量部使用的奥康剃刀还要有效。特别是中观论者，当他们挥舞这个武器的时候，怀着破斥一切的决心。中观论者的相对性（空性）概念摧破了一切实在性的事物，所有毗婆沙师对于实在诸法所列的清单上，那些所谓的有条件限制或无条件限制的永恒元素（有为法与无为法）都成为破坏的对象。事实上，当绝对者如果没有与其对峙的对立面，“绝对”观念自身是没有意义的。[①]一切诸法在失去对立面的情况下，也就失去了所有的个体性或实在性。同理，反过来也可以说，现象世界一旦失去了与之相对的另一端，也便不成其为现象了。当对相待性原理（pratitya-sam-utpāda = śūnya）的新解释被引入后，小乘教理中的绝对之物也便与其体系中的任何其他的绝对终极之物一道都变成了相对性的。

一旦贯彻这个新的原理，就不可避免地产生了深远的逻辑结果。早期部派佛教的实在论大厦遭到破坏瓦解从而倾覆了。小乘

① 参见《中论释》，第7品之33颂。

译者补注：此即《中论·观三相品》第七之33颂。“法不自相灭，他相亦不灭，如自相不生，他相亦不生（Na svātmanā nirodho ti nirodo no parāmanā, utpādasya yatho’tpāda nā’tmanā na parātmanā）。”另参见同品之26颂：“住不自相住，亦不异相住，如生不自生，亦不异相生（Sthityā’nyayā sthitheḥsthānaṃtayai’va ca na yujyate, utpādasya yatho’tpādo nā’tmanā na parātmanā. 直译：既通过他相，又通过其自身之相而住的事是不可成立的，犹如其生成既依于自生又依于他生不可能一样）。”另参见同品之14颂：“此生若未生，云何能自生，若生已自生，生已何用生（Anutpanno’yam utpādaḥ avātmānaṃjanayet kathaṃ, Atho’tpanno jīte kim janyate punaḥ）？”

论者的涅槃、他们的佛世尊、他们的本体论和道德哲学体系，他们的因果观、实在观，连同他们关于感觉和感性材料（Vedanā，受）、关于心心所（citta-caitta）及一切色心力（Saṃskāra，行）[①]成分的终极实在性观念，统统被抛弃了。“任何地方、任何时候，”月称说：“世尊不说灵魂实有，不说小乘诸法实有。”[②]早期佛教部派煞费苦心建造的所有概念都受到了清算，唯一的例外是依赖性地配合存在（pratītyasamutpāda，相依缘起）的原则[③]，但它也用相待性（空）来重新加以解说[④]中观派的纲要书中，针对早期佛教哲学结构中的每一引人注目的概念，专门辟出一品，以其同样的空之武器加以破斥。[⑤]它的理由是：无论何物，只要它是相待的，便是虚假的、瞬时而灭的、虚幻的。

大乘佛教未来的发展，大大地得益于龙树在宣说他著名的偈

① 参见《佛教的中心概念和法的意义》一书，尤其书后之附录二范畴表。——译者

② 参见前所引书《中论释》，第443页之2。

③ 参见《中论·观四谛品》，第24之18。

译者补注：“众因缘生法，我说即是无，亦为是假名，亦是中道义［(yaḥ pratītyasamutpāda śūnyatāṃ tāṃ pra- cakṣmahe sā prajñāptir upādaya pratipat sai’va madhyamā. 直译：凡缘起的东西，我们一律说其为空，从而它就是假名（施设），（这）即是中道］。”“我说即是无”，也译“我说即是空”。在藏译《中论》，此偈为第445偈；在梵文本中，为第448偈。中观学说中，此颂与开首之“八不”一颂最为有名。又，天台宗以此颂为根本，称之为“三谛偈”。

④ 参见汉译本《中论·观四谛品》第24之40：“是故经中说，若见因缘法，则为能见佛，见苦集灭道。”梵本略有异：“Yaḥpratītyasamuypādaṃpaśyatī’daṃsa paśyariduḥkhaṃca’iva nirodhaṃ Ārgam（直译：若见此缘起，则见苦、集、灭及见道）.”——译者

⑤ 实际《中论》至少有两品（《观颠倒品》《观邪见品》）专破斥小乘。其他品中的破斥、议论，随处可见。——译者

颂时的那种汪洋恣肆、无可阻挡的语言风格。龙树运用他摧破一
切的毁灭性的辩证法，破斥一切实在论的，包括小乘在内的一切
47 观念，尽管他的论破方法有些单调①，但却始终让人读起来回肠荡
气令人难以暂舍。它是极端胆大的、令人迷惑的，有时候又是盛
气凌人的。尽管议论的具体对象不同，但反反复复重申同一观念
的这种方法，使修学者深刻地感受到了相待性（空性）原理的这
种压倒一切的、无所不包的重要意义。由于藏语这一奇妙的语言
中单音节的精确性，《中论》的藏文译本的偈颂，往往变得比梵文
原本更加流畅，直到今天它仍在寺院的札仓中传授研讨。僧人们
背译它时怀着赞美的喜悦。②

---

① 关于印度佛教经典从巴利语本子到龙树撰《大智度论》的风格；甚至《大般若经》的冗繁单调风格可参见德人Winternitz的《印度文学史》（*Geschichte der Zndischen literatur*, Vol. Ⅱ）。——译者

② 舍氏在这里无意触及了藏传佛教的学术风格。从流传于西藏和蒙古的近现代佛教看，是以龙树学说为显密二宗的祖师。藏传佛教的显宗札仓极重视龙树的作品及弥勒、无著的几部论。蒙藏地方的寺庙喇嘛，一般说要修完显宗学问并略有成就，要花约二十年。寺庙中的学问大约分为五期，即：（1）因明学（逻辑）即：Nyāya-mārga=Rigs-laṃ。（2）般若空论，《现观庄严论》，即Abhisamayālammṃkāra=Mnon-rtogs-rgyan。（3）中观学说，《入中观论》（Madhyamakāvatāra=Dbu-ma-laḥjug-paḥI bśad-pa shes-bya-ba）。（4）戒律，《律经》（Vinaya-sūtra=Hdul-ba sdom-tshig）。（5）一般的佛学，《俱舍论》（Abhidharma-kośa=Mdzod-rtsa）。作为初级阶段，应修习论议法则等，然后花约八年时间去研习“空”及“中道”的理论。再之后又花约八年去学习戒律等宗教实践仪轨；最后修习一般的佛学理论。所有这些经典的学习都强调了背诵的功夫。藏传文献中，《现观庄严》与《中观论》是最著名的经典，即令并不识字的下层僧人也知道它们的名字。寺院中最年轻的沙弥几乎一入门便得逐步背诵《现观庄严》与《中观论》。诵经在藏传寺院中是日常仪式的一部分。在藏传寺院学术中，对于印度来的经典，几乎没有经过汉地佛教中的诸如判教这样的批判性改造，因而藏文经典的学习方法基本沿袭了古来印度的，尤其大乘晚期的背诵为主的教授方法。西藏学僧看待这些经典一般都怀着朴素的敬畏和赞叹的感情。——译者

中观派对于小乘佛教徒的一切观念，甚至对后者最为尊崇的宝贵观念的破斥，连同他们的那种睥睨一切、势不可挡的气魄，以及无情的否定主义，都激起了某种怖畏的感觉。“我们所要做的”，中观派的第二位大师圣天（Āryadeva，提婆）宣布，“实无一法存在。”①“即令此论的名也令人怖畏！”②

不过，害怕龙树的辩证法的，也只是主张实在论的小乘论师和一般的多元论者。③龙树其实并未攻击如来法身的思想，相反他高度赞扬了它。他之所以赞叹相待性的原理并依据它去破斥所有一切聚集而成者，目的仅仅在于为绝对一元论哲学廓清场地，在此场地上建立那唯一的、不可界定的（anirvacanīya，不可言说的）存在本质，唯一无二者。依据一元论的哲学原则，如果加以无矛盾地推导，则所有其他的本体都仅仅具有第二手的、约定性的偶然实在性，“它们只是借来的钱币”。

这个唯一的实在，尽管被宣称为其特征不可描述（anirvacanīya），但仍被指出了具有不同的特点。诸如：“诸构成元素的元素”（dharmāṇām dharmatā诸法法性=dharma-dhātu法界）、“（元素的）的相对性”（sūnyatā，空性）、“如是性”

---

① 参见P.L.拜迪耶（Vaidya）：《梵文广百论》（*Catuḥśataka*，巴黎，1923年），第184颂。此中包括H. P. 夏斯特里（Śāstrī）所刊《圣天广百论》（孟加拉国亚洲学会纪念本，Vol.Ⅲ，第8号，加尔各答，1914年）。汉译本有题名玄奘的《广百论本》（圣天造），仅为梵本之后面二百偈颂。

② 参见上注所引书之，第289颂。

③ 参见H.克恩：《印度佛教手册》，第127页。作者本人似乎也为之“怖畏”，他发出了源于内心的惊叹：“既没有实生，也没有涅槃！”“并且认为正是这种“对古代佛教基本原则的破坏”说明了佛教灾难的起因。

（idaṃtā）、“如是缘性”（idaṃpratyayatā）、“如性”（tathatā）、“有如性”（bhūta-tathatā）、“如来藏”（tathāgata-garbha）[1]以及“如来法身”[2]。这最后一种称呼，将宇宙的唯一本质加以人格化而
48 它被当作毗卢遮那佛、阿弥陀佛、度母等以及别的最高的神来膜拜。如姉崎正治教授所说，佛教一下子转变成了泛神论和有神论性质的。[3]

佛世尊和涅槃成了同一事物的异名。但这同一个东西，龙树在其中观派纲要书中却是放到四个或五个不同的品目下去讨论的，他的目的是要显示，无论语言称述（prapañca施设敷衍=vāk声、言）是什么[4]，无论从什么方面来讨论绝对者的问题[5]，结论都是一

---

① 如来藏，字面为如来胎，指潜伏于个人内在的最终导致觉悟成佛的可能性，可以称“未开发的真如”，相当于近世所言之“理性”。出现于大乘中期之后，特别是瑜伽行派的诸论书中，以后成为思想主流之一。中观派的论书中已对之时有批判，此处作者未指明出处。日人三枝久我的《中论：梵汉藏对照语汇》可资参考。

② “般若波罗蜜多”与“现观”（Abhisamaya）两个术语，在用作目的格时，意思是一样的。瑜伽行派会添上另外几个同义词，如：心法性（citla-dharmatā）、唯识无境性（vijñāpti-mātratā）以及真实或圆成实性（pari-niṣpannatā）。可以参见《唯识三十颂》，第42页。

③ 在姉崎正治教授的一部极有意思的著作——《佛教艺术及其与佛教理想的关系》（*Buddhist Art in its Relation to Buddhist Ideals*，波士顿及纽约，1915年）中，他说，使世界为之赞叹不已的日本艺术之完美性原来与佛教的理念影响是分不开的。艺术的创造同真正的与永恒而渗透一切的生命，与如来法身的交融是不可分的；艺术家可以透过一花一草和一个有生命体——这些都出自他的笔下——而凭直观能力来体味无所不在的生命原理。（这么看来）欧洲学界对于建立这些理念的这种哲学如此误解，不有些奇怪吗？

④ 参见《中论释》，第373页之9。

⑤ 同前注所引书《中论释》，第175页。

样的。如果现象世界并非真实，它也不会有真实的目标。①如果为了改变现象界而保证涅槃之后它不再存在，又去设想现象界在未获涅槃前的实有，这本身就是幻见，应该越早破除越好。②无论我们是采取毗婆沙师的见解而主张涅槃实有，至此意识与生命永远寂灭；③还是我们与经量部观点合流，承认涅槃仅仅是世间过程的简单终结即klesa-janmanor abhāva（烦恼与生同时不存在）。④两种情况下我们都假设了某种实有的东西，说它存在于涅槃前，消失于涅槃后。这便使得涅槃不仅是相对的，而且沦为了某种因缘的产物（saṃskṛta，有为）。⑤

如果思想完全符合一元宇宙观的原理，就应该断定——绝对与现象之间没有些微的差异，涅槃与世界也没有差别。⑥被视为整体的宇宙便是绝对之物，而视为过程的便是现象之物。龙树从而

---

① 参见《中论·观涅槃品》，第25之第1颂（罗什译）："若一切法空，无生无灭者，何断何所灭，而称为涅槃（Yadi śūnyam idaṃsarvam udayo nā'sti na vyayaḥ, prahāṇād vā kasya nirvāṇāmi syate）？"——译者

② 参见前所引《中论释》，第522页之6。

③ 参见《中论释》，第225页之10。

④ 参见《中论释》，第527页之7。

⑤ 参见《中论·观涅槃品》，第25之第5颂。

译者补注："若涅槃是有，涅槃即有为。终无有一法，而是无为者（Bhāvaś ca yad nirvāṇām nirvāṇaṃamskṛtam bhavet，nāśaṃskṛta hi vidyate bhāvaḥ kvacana kaścana。"

⑥ 《中论·观涅槃品》，第25条之第20颂。

译者补注："涅槃之实际，及与世间际。如是二际者，无毫厘差别［Nirvāṇasya ca yā kotiḥ ko ṭiḥ-samsārsasya ca na tayor antaraṃkiṃcit susūkṣmavn apii vidyate. 直译：涅槃之际（的东西）即是轮回之际的东西，两者之间没有丝毫差别］。"

宣称①：

取蕴取因缘，往来生死中。若不受因缘，如是说涅槃。

这个颂子可以这样改写——“由注意到了（构成现象的）原因与条件，（我们称此世间为）现象界。（就是）这同一个世界，一旦我们无视原因和条件（亦即作为整体的世界，‘永久之相后’的
49 东西②），便称之为绝对之物”。

① 《中论·观涅槃品》，第25品之第9颂。

译者补注：“受诸因缘故，轮转生死中。不受诸因缘，是名为涅槃。[ya aj avamjavībhāva upādāya pratītya vā so’pratītyā nupādāya nirvāṇam upadiśyate. 直译：如若取（五蕴），或者缘于（因缘）则在生死往来的状态中；若不取不缘，可以称为涅槃]。”

② 即前已出现过之拉丁语sub specie eternitatis（“相后的绝对永恒”或“现象种类后面的绝对永恒者”）。

第十七章　相对性本身是相对的吗

但是，相待性（Śūnyatā，空）的原理并不能证明这种新佛教拥有一个绝对万无一失的基础。这中间隐藏着某种危险，它很可能动摇整个学说体系。如同早期佛教的绝对者，难免被宣称为也具有相对性的命运，同样，相待性（空）自身也是相对的①，它显然也要依赖于它的对立面，即那非相对者；而如果缺少了这种对立面，它自身也很可能丧失其所有的意义。不过，在这种危险面前，龙树丝毫没有退缩，他一如既往，大胆和无畏地面对这种潜在的麻烦。②作为中观学说的核心，这一原理之所以被唤起，如我们前面已经看见的，不是要用一种新理论来代替所有的学说，而是要以一种直接的神秘直觉来破斥它们。如果它只是一种理论，那它只不过同旧有的学说一样糟糕，或者更蹩脚。"如果真有某种无待的东西，"龙树说③，"存在着，那我们就会同样承认相待之物

① 相待性本身是否相待的呢？B.罗素提到过这一问题（《相对性之ABC》，第14页），并且以问题是荒谬的一句话而带过。尽管如此，问题仍然存在，并不会因此而给打发掉，尤其是说这话的作者还说过："任何希望做哲学家的人都必须学会不被荒谬所吓倒。"（参见其《哲学的问题》，伦敦，1921年，第31页）

② 参见前第十四章。

③ 参见《中论·观行品》，第13之8。

译者补注："若有不空法，则应有空法。实无不空法，何得有空法（Yadi aśūnyam bhavet kim cit syāc chūnyam iti kimcana, na kim cid asty aśūnyam ca kutah sūnyam bhavisyatī）？"

的存在；但若绝对没有非相待的东西，那我们如何能承认有相待之物（或者相待性之真理）呢？”月称解释：“所谓相待性，在此是指所有一切诸法均有的共同特征。这是我们的看法。但既然没有任何存在元素是无待的，那么，相待性自身，因为缺少那与绝对者相对照的众多对象，（便会变得如幻影一样空洞，）如空中的花（一样虚无）。”这是在拒绝相待性（空性）本身吗？不是的！“因为诸佛世尊教说，如要体证所有分别戏论的相对性，唯一的方法是抛弃它们。但如有人因此而执着于相对性的观念本身，他则必定是所谓的不可救药之人。”[①]“好比是有人说：‘我没有什么可以卖给你。’
50 则可以回答他：‘好吧。就将你说的这没有什么卖给我吧！’”

我们在《宝积经》[②]中读道：“我作断言，若有人信空，（并且将其作新的理论而）执着于空，是人坏朽且数数坏朽……”若有人执补特加罗实有——虽说此为雪山部[③]的大过——也比执空论要好百千倍……譬如医生给病人施药[④]，此药毒性甚大，能除病人一

① 《中论·观行品》，第13之9。

译者补注：“大圣说空法，为离诸见故。若佛见有空，诸佛所不化（Śūnyatā sarvadṛṣṭināṃprokto niḥsaraṇaṃjinaiḥ, yeṣāṃtu Śūnya-tādṛṣṭis tān asādhyān babhāṣire. 直译：为使摆脱一切见，胜者（佛）才说空；而人若抱空见，便说不上有成就了）。”月称解释参见前所引《中论释》，第247页之6。

② 《大宝积经》卷120，唐景龙二年至开元元年（708—713年）时由菩提流支译出，载《大正藏》卷11。——译者

③ 雪山部，属传统上座部佛教之一支，在二十部派中。佛灭后三百年初（约公元前2世纪末），从上座部中分出说一切有部，原上座部便称雪山部。据《异部宗轮论》说，由于有部盛行，“上座于斯乃弱，说因（即有部）据旧住处；上座移入雪山，从所住处为名”。

④ 参见前所引《中论释》，第248页之11。

切病患，结果（病患虽除）毒性却不能从腹中去掉。你会以为这病人治愈了吗？当然不，其苦痛远甚于治病之前！

以实在为相对性（空性）的做法，是无计可施和无可奈何的权宜之法，算是一种极端之举。这是从语言自身的矛盾性引出来质疑。它所考虑的，是有情众生不能不依赖语言，但又不能不遭遇语言的内在矛盾。语言，从根本上说，就是权宜性的约定（śabda upādāya prajñāptiḥ，声为假名施设）[①]。前面我们说过，经量部便利用了这种唯名论之本体意义的概念（prajñāptisat，施设有，假定的实在），当然，他们这是在驳斥早期佛教人为的实在性理论。假施设概念的权宜性甚至虚妄性，被大乘佛教加以放大，被引入越来越广大的存在领域。它普遍地、几乎无一例外地涵盖了所有一切诸法的存在。感觉材料（受）、意念（想）、感受（思）、意志（行）都曾被说一切有部宣布是终极的实在法。但龙树一个也没有放过它们。所有这些思想材料，连同与它们共生的物质色法，（在遭受龙树破斥之后）一律成为了相对性的、唯名论的存在物。而相待性（相对性）本身，也不过是接近实在的某种名义上的“中道”。早期佛教中的中道，原本只是一种教义立场，声称说法的世尊，主张一种既非唯实论（uccheda-vāda，断灭论，它认为人一旦死亡便堕入无边黑暗的处境）的，也非灵魂永恒不灭论（śāsvata-vāda，常住论）的教义。原始佛教虽然断定没有实

① 参见《中论·观四谛品》，第24之18；《中论·观如来品》，第22之11。

译者补注：“众因缘生法，我说即是无。亦为是假名，亦是中道义。”“空则不可说，非空不可说。共不共叵说，但以假名说。”（即下二颂）

在的人我，但它对于构成人身体诸法的实在性是隐约承认的。但到了大乘论师那里，法与法性，以及中道的意义都改变了，它成为了绝对的相待性（Śūnyatā，空性）的同义词。“空”也完全变成了“中道”。[①]

① 《中论·观四谛品》，第24之18。正因为如此，我们以为《中观论》的恰当称名应该译为《相待论》(《相对性论》)。

第十八章　佛教与婆罗门教的平行发展

明显可见的事实是，随着佛教由小乘向大乘的演进，同一时
代印度别的宗教中，也产生了一个以建立湿婆和毗湿奴为最高神
的众神神谱的运动。同样，婆罗门宗教也以泛神论、以湿婆派[①]的
极端一元论、也以毗湿奴派[②]的多少有些混合了的一元论为神学基 51
础。两大宗教派别都代表了古老的印度宗教传统，都以明显地具
有自身矛盾的奥义书的说教作为依据。极有可能，佛教的大乘思
潮受到了奥义书[③]的影响；但无可否认的事实是：乔荼波陀[④]和商
羯罗这样的吠檀多大师也接受了龙树的辩证法思想。只是，今天
我们尚不能清楚说明有关这一影响作用的细节、时间及地点。佛
教自己的各部派中，似乎很早就显现出了大乘倾向的端倪。僧团

---

① 印度教之三大主神之一。在《梨俱吠陀》中称Rudra（暴风之神）；在《梵书》中已经有了明确的性格；至《往世书》则形成明确的毁灭之神。印度教中性力派和佛教密教中的仪式都与湿婆有关。——译者

② 印度教三大主神之一。与梵天神之创造、湿婆神之毁灭相对，毗湿奴被认为有维持发展的功能。其权化之身据说有十种，佛陀即其中之一种，权化说与大乘佛教的菩萨度世思想不无关系。——译者

③ 原文为aupaniṣada，形容词，“含奥义书的”，此指相关的教义思想。

④ 吠檀多派学者，采取中观及瑜伽行学说，糅合而成其不二论哲学。商羯罗大师深受其影响。——译者

中有一部分人显然是不满意视佛陀为仅有凡夫人格的。与此相应，对于佛在涅槃后完全消散得无影无踪的说法，他们总是感到耿耿于怀。[①]部派分裂以来，对于世尊神格化想象与期望，始终是佛教内部涌动着的一大思潮。这种关于佛世尊“出世、无漏，尽智无生智恒常随转乃至般涅槃”的神格化思想倾向在数百年后终于酝酿成熟，并由于龙树这一伟大的思想家的宣扬而大放异彩，新的大乘佛教教团发展起来。佛教这一宗教运动，从早期的多元论立场转换到一元论上面来了，完成了一百八十度的大转向。

① 据世友（2世纪）《异部宗轮论》说大众部等四部早就认为：“诸佛世尊皆是出世，一切如来无有漏法。诸如来语皆转法轮，佛以一音说一切法。世尊所说无不如义，如来色身实无边际。如来威力亦无边际，诸佛寿量亦无边际。佛化有情令生净信无厌足心。佛无睡梦，如来答问不待思维。佛一切时不说名等，常在定故。然诸有情，谓说名等欢喜踊跃，一刹那心了一切法，一刹那心相应般若知一切法。诸佛世尊尽智无生智恒常随转，乃至般涅槃。”（《大正藏》卷49，第2031号）

第十九章　欧洲的类似理论

要确定龙树在人类的大哲学家中应居有什么位置，这与其说是印度学学者的任务，不如说是一般的哲学史家的任务。但除非借助可以理解的译本去阅读他的著作，恐怕我们不能指望对龙树哲学的研究会有什么指导意义（参见本章末的附录）。印度学的学者们往往禁不住诱惑，要想将他们在印度遭遇的观念与西方哲学领域内的类似思想作一番比较。事实上，当我们将印度哲学家规定为“虚无论者”或理性主义者、泛神论者或实在论者时，就已经涉及了某种比较性研究。如果A.巴思、E.塞纳特（Senart）及别的人都反对那种幼稚的误导他人的比较工作，那是因为他们倾向于确认印度哲学家及其欧洲同行之间的差别而非相似。可是，发现差别点本身，也就已经是某种比较研究了。认为龙树的特征是“虚无主义”，也就意味着某种导人误解的比较后的结论。因为龙树对逻辑的声讨，只是其哲学体系的一部分，而且并非首要部分。要想理解一个哲学家，最好的方法无过于像H.柏格森（Bergson）所提议的那样——他本人也是做得相当不错的——将哲学家的理论分解为不同的部分，这些被肢解出来的部分当然不再是我们讨 52
论中的哲学家，但如果把它们重新概括，一定有助于我们理解其思想体系。[①]

首先我们必须指出，在印度的范围内，也许正是由于奥义书传统的影响，龙树哲学才深具吠檀多那样的特性。[②]如果B. 凯思教授和M. 沃勒塞尔（Walleser）教授都认为，龙树最终满足于他得心应手的否定主义论法，或者说龙树前所未见地强烈否定了此世界的经验实在性，那只是因为他们并未注意到龙树的真正用意。就是说，他们的眼光漏过了龙树否定主义中的肯定方面——法身与梵是完全等同的立场。道森教授发现了涅槃与大梵的这个同一性。或者说，他自认为已发现了叔本华哲学与吠檀多之间的相关要点。[③]道森的发现，同样可以适用于龙树的哲学本性。理性主义断言人类理性有能力认识一切实在的对象，但龙树的哲学却同所有印度或欧洲、古代或近代的理性主义学说正相反对。龙树甚至将理性的无能推到极致，龙树的武断超出了所有以往哲学家，他强调性地挑战逻辑的正当性。联系到龙树采取的哲学——还可以指出，欧洲也有类似的从多元论向一元论的转变。姑且不论这些学说所依据的是某种独立的实体观念，还是假定的分离而和谐的单子的存在，还是永恒的事件的持续流动；而接下来的一步，都不能不设想一个无所不包的不可分割的实体。而如我们所理解的，

---

① 参见柏格森：《哲学的直观》（H. Bergson, *De L'intuition philosophie*, Revue de Metaph, 1911）。

② 参见前面第十五章中关于“法身”与“梵”（大全者）的关系的论述。——译者

③ 叔本华对印度哲学的兴趣及其对拉丁语译本《奥义书》的研读，关于他与印度哲学的因缘，可以参见麦克斯 · F. 黑克的《叔本华与印度哲学》（Max F. Hecker, *Schopenhauer und die indische philosophie*, kØln, 1897）。——译者

这便是大乘佛教与小乘佛教的相对待立场。希腊哲学中也有类似情况，巴门尼德①与赫拉克利特②也处于这样的相对立场。德国现代哲学中也有这一步骤的重复。雅各比教授已经指出③，埃利亚的芝诺④与龙树的可比较之处。我们附带补充一句，他们之间的相似远不止是在辩证法这一方面。芝诺，如我们所了解的，还发明了那著名的“诡辩论法”⑤来证明运动之不可能，他用这个论证法来支持巴门尼德关于一个不动的整体世界的观念。

还有一个非常引人注目的巧合。它显示了龙树和布拉德雷⑥之间的相似。龙树怀抱着他的否定主义；布拉德雷也几乎谴责了所有日常生活中的概念——事物及属性、关系、时空、变化、因果、 53
运动、自我。从印度哲学的立场来看，布拉德雷是地道的中观论者。但我们还可以看见一个超出了所有以上类似之处的更大的亲

① 巴门尼德（Parmenide，约公元前540—？），古希腊埃利亚学派的唯心论者。他主张概念的实在论，认为“有”（存在）是单一的、不变的、不可分割的且与思维同一；现象世界是假相，是非存在。主张彻底的一元论。——译者

② 赫拉克利特（Heracleitus，约公元前535—470年），古希腊爱非斯学派哲人。认为世界的本源是按自身规律燃烧与熄灭的火。认为世界在流变之中，永无停息。许多辩证法的论述与佛教对一异生灭的说法有相似处。——译者

③ 参见《美国东方学杂志》（*American Oriental Journal*）第31期，第1页。

④ 芝诺（Zenon of Ellea，约公元前490—前430年），巴门尼德的学生。主张一切变化的事物均非实在；真实的存在者只能是唯一者、静止者。其否定运动的诡辩论证含有深刻的辩证法因素。——译者

⑤ 参见贝特兰·罗素：《外部的世界》（*External World*），第167页及以下。

⑥ 布拉德雷（Francis Herbert Bradley, 1846—1924年），英国新黑格尔主义者，牛津大学教授。受康德及黑格尔的影响，主张批判的客观观念论，肯定感觉经验的唯一实在性；认为现象并非实在，实在必须是不含矛盾的和谐整体。所有这些观点与佛教，尤其是大乘中观派的实在观极具相似性。著有《逻辑原理》（*The Principles of Logic*, 1876）、《现象与实在》（*Appearance and Reality*, 1893）。——译者

缘相似性，这便是黑格尔的辩证法和龙树的议论原则之间的相关性。黑格尔在《精神现象学》①中对我们的常识提出了挑战，他指出了我们确信自己了解的某些对象，只是在我们经验中的存在状况，从而他这样来解决这一问题——他说，所有我们真正知道的有关那对象的情况，不过是它的“此性”（thisness），而它剩下的所有内容，便是关系。这恰好是中观论者关于tathāta（如性，如实性，suchness）的精确含义，而如我们所知，相待性（相对关系）又是“空”（śūnyatā）这一术语的精确含义。进而我们又看到了这一方法的充分发挥。它主张，如果我们要真实地给某一对象作界定，唯一的方法是将那与它对立的其他对象清楚地表述出来。缺乏对此对立面的表述，该对象也便丧失了所有内容；黑格尔又说，对立两极会统一于某种更高的包容了两者自身的统一体中。这些事实只有作为相互关联的才是可以知道的，而那普遍的相对法则才是实在性本来的全体含义。龙树与黑格尔两位哲学家都向我们保证，否定性（śūnyatā）是宇宙的灵魂（Negativität ist die Seele der Welt）。将事实的世界归结于某种普遍相对性的境界，便暗示了所有可认识的事物都是虚伪的、短时间的和虚幻的，而不是说真实世界的构成依赖于这一事实自身。即令是感知活动和感觉材料②——原

---

① 《精神现象学》（*Phänomenologie des Geistes*, 1807）是黑格尔建立其哲学体系的重要著作。其中描述了意识的也是人类精神活动发展的不同阶段。黑格尔认为历史与逻辑最终统一于精神的不断升扬的发展过程，精神的价值是绝对性的。——译者

② 参见《中论·观五阴品》，第四之1。

译者补注：“若离于色因，色则不可得。若当离于色，色因不可得（Rūpakāra ṇa-nirmuktaṃna rūpaṃupalabhyate，Rūpeṇā’pina nirmuktāṃdṛśyate rūpakāraṇaṃ. 直译：离色之因的色不可见，离色的色因也不可见）。”

先它们是终极的实在之物，我们也逐步发现其处于关系中间。无此相对关系，也就证明它们是毫无意义的。相对性（相待性），或者否定性（空性）确实是宇宙的灵魂。

在龙树和每种一元论哲学中间，我们很容易便能寻出更多的相似的地方。而如果将龙树与诸如尼古拉斯·卡萨努斯[1]、G. 布鲁诺[2]等哲学家作比较，由于他们都坚持以否定的方法去揭示绝对者的根本特性，可以发现他们之间的相似之处，的确远不止一点。我们简直看不出，大乘佛教所声称的那作为唯一实体的如来法身的观念，同斯宾诺莎的同样作为唯一实体的神的观念，二者之间究竟有什么不同。后者主张“Deus sive substantia, Deus sive natura”（神即实体，神即自然）。尽管斯宾诺莎的对永恒之相后（sub specie aeternitatis）的具体事物的直观（intuitus）被认为是知性的合理能力，而龙树的直观能力是神秘性的，但两者所导向的结果却是相同的。

恰如其分地评价这些相似之处是理所当然的要求。首先，只有这样，才可以排除那种将“虚无主义”的特征加诸龙树的做法。 54

---

① 尼古拉斯·卡萨努斯（Nicolaus Casanus, 1401—1464年），德国神秘主义哲学家。他作为布利克森主教曾奔走活动于东西方教会之间。他也是有名的数学家，主张新柏拉图主义。其自然观有泛神论倾向。其相对主义对布鲁诺影响较大。著有《知识的无知》（*De Docta ignoracia*, 1440）。

译者补注：尼古拉斯主教认为“对立之物是相一致的”（Coincidentia oppositorum），无论什么样的矛盾在神中间都是统一的同一的！

② G. 布鲁诺（Geordano Bruno, 1548—1600年），意大利文艺复兴时期的哲学家、天文学者，天主教多明我会的修士，受库桑努斯等人泛神论的影响，赞同哥白尼的宇宙观，主张宇宙时空的无限论，否定地球为宇宙的中心等，被教会视为异端，于1600年2月被处以火刑。

龙树与他的信奉一元论的欧洲同道有一个最重要的区别，就是他不信任逻辑，至少是在认识实在本身究竟为何物这一终极目的方面是这样的。黑格尔和布拉德雷看来是深信他们的逻辑效用的。他们没有想过，如果彻底地运用和推展他们的结论，那么他们的所依赖的逻辑也会否定自身。而龙树很清楚这一事实，所以他才完全放弃逻辑而瞩目于那绝对之物——神秘直观把握的唯一不二者。许多哲学家都在末了走向这一步，或者说，他们都从百般依赖的逻辑转而跃向了直观。在我们的时代，一个最有说服力的例子便是H. 柏格森本人①。

本章的补充说明

M. 沃勒塞尔对于《中论》有两个译本（M. Walleser, *Die Mittlere Lehre*, Heihelberg, 1911, 1912）的看法是，这两个本子对于本论研究极有用处，如果后面再加上一个比较性的索引，价值就更大了。但因为这两个译本均为直译，我很怀疑它们能给哲学家们留下什么明白而准确的印象。

译者补注：至本书英文版出版时，已有的西方学界校刊佛典如下：

A. 1927年之前西方学者刊行的佛教原典：

（1）*Avadāna-Śūnyatvataka*（《撰集百缘经》），ed. by J. S. Speyer,

① 参见《哲学的直观》（H. Bergson, *De L'intuition philosophie*, Rue de Metaph, 1911）。

St. Pétersbourg. 1902—1909.

（2）*Catuḥ-Śūnyatvatikā*（《广百论本》），ed. by. M. H. Śāstrī, Calcutta, 1914.

（3）Jātaka-mālā（《本生论》），ed. by Kern, Calcutta, 1914.

（4）*Divyāvadāna*（《根本说一切有部毗奈耶皮革事之一部》），ed. by Cowell & Neil, Cambridge, 1886.

（5）*Dharmasaṃgraha*（《法集名数经》），ed. by. Müller & Wenzel, Oxford, 1885.

（6）*Prajñapāramitā-hṛdaya-sūtra*（《般若心经》），ed. by. Müller & Nanjo, Oxford, 1884.

（7）*Prātimokṣa*（《十诵比丘波罗提木叉戒本》），ed. by L. Finot, Paris, 1913.

（8）*Buddha-carita*（《佛所行赞》），ed. by B. Cwell, Oxford. 1893.

（9）*Bodhi-caryāvatāra*（《菩提行经》），ed. by Poussin, Calcutta, 1901–1914.

（10）*Ârya-mañjuśrī-mūlakalpa*（《大方广菩萨藏文殊师利根本仪轨经》），ed. by T. G. Śāstrī, Trivandrum, 1920–1925.

（11）*Adhyardhaśūnyatvatikā prajñapāramitā*（《般若理趣经》），ed. by E. Leumann, Strassburg, 1912.

（12）*Madhyamaka-vṛtti*（《中论颂》），ed.by Poussin, St. Pētersbourg 1903–1913.

（13）*Mahāvyutpatti*（《翻译名义大集》），亮三郎刊，京都，1916年。荻原云来刊，东京，1927年。

（14）*Rāṣtrapāla-paripṛcchā*（《护国尊者所问大乘经》）ed. by L. Finot, St. Pétersbourg, 1901.

（15）*Lalita-vistara*（《普曜经》），ed. by S. Lefmann, Halle, 1902.

（16）*Vajracchedikā-prajñapāramitā*（《金刚般若经》），ed. by F. Müller, Oxford, 1884.

（17）*Vajra-sūcī*（《金刚针论》），ed. by A. Weber, Berlin, 1860.

（18）*Triṃśikā-vijñapti-bhās·ya*（《唯识三十论颂》），ed. by Sylvain Lévi, Paris, 1925.

（19）*Sikśāsamuccaya*（《大乘集菩萨学论》），ed. by C. Bendall, St. Pétersbourg, 1897–1902.

（20）*Saddharma-puṇdarīka*（《妙法莲华经》），ed. by Kern & Nanjo, St. Pétersbourg, 1908–1912.

（21）*Samādhi-rāja*（《月灯三昧经》），ed. by C. Dās & H. Vidyābhūshan, Calcutta, 1896.

（22）*Sukhāvatī-vyūha*（《无量寿佛阿弥陀经》），ed. by Müller & Nanjo, Oxford, 1883.

（23）*Mahāyāna-sūtrālaṃkāra*（《大乘庄严经论》），ed. by Sylvain Lévy, Paris, 1907.

B. 1927年之后刊行的佛教原典：

（1）*Abhidharma-kośa-kārikā*（《阿毗达磨俱舍论本颂》），ed. by Poussin, Paris, 1931.

（2）*Abhidharma-kośa-vyākhyā*（《阿毗达磨俱舍〔释〕论》），荻原云来刊，东京，1932—1936年。

（3）*Gandavyūha*（《大方广佛华严经》)，铃木大拙，泉芳刊，京都。

（4）*Guhuya-samāja-tantra*（《一切如来金刚三业最上秘密大教王经》），ed. by B. Bhattacharyya, Baroda, 1931.

（5）*Daśa-bhūmīśvara*（《华严经·十地品》)，近藤隆晃刊，东京，1936年。

（6）*Nyāya-praveśūnyatva*（《因明入正理论》），ed. by A. B. Dhruva, Baroda, 1930.

（7）*Abhisamayālaṃkārālokā Prajñapāramitāvyākhyā*（《现观庄严论颂〔八千颂〕般若波罗蜜多释》)，荻原云来刊，东京，1932—1935年。

（8）*Bodhisattva-bhūmī*（《瑜伽师地论·菩萨地》)，荻原云来刊，东京，1930—1936年。

（9）*Madhyānta-vibhāga*（《中边分别论》)，山口益刊，名古屋，1934年。

（10）*Vinaya*（《十诵律》），ed. by J. Filliozat & H. Kuno, Paris, 1938.

（11）*Saptaśatikā-prajñapāramitā*（《文殊师利所说般若波罗蜜经》)，增田慈良刊，东京，1930年。

（12）*Suvarṇa-prabhāsa*（《金光明经》)，南条文雄，泉芳刊，京都，1931年。

以上转引自本书之日译本第138页（出处原为中村元之“大乘佛典的成立时代”，属宫本正尊主编之《大乘佛教成立史》附录）。

第二十章 正理－胜论学派的主张

如果我们知道，在印度，佛教并不是唯一一个规定了其宗教最终目标是寂灭[①]的思想派别，那么，那曾经使许多学者殊感陌生的情绪也就不致如此强烈了。除了具有明确唯实论色彩的一系列宗派，如像正统的正理－胜论派学说那样的，也坚持有关绝对的无生涅槃[②]的思想。所有生命的止息在此称为根本解脱（mokṣa）或绝对目标的完成（apavarga，解脱），而且被认为显示了“最上善”（niḥsreyasa，至福）[③]的特性。

伐差耶那（Vātsāyana）问道：“一个得解脱的人是否应该执着于其中没有福乐和意识的根本解脱呢？”而他同时又用另一问题来作为回答：“这是否可能呢——已解脱之人并不耽着那种于其中生命的骚动永远止灭而又无有意识生起的根本解脱？”他说：“这种解脱也就是放弃了一切事物的宁静。一切皆不再存在，从而种种的失望、怖畏和罪恶也就已经消灭。”[④]迦延陀（Jayanta）同样大

---

① 原文是annihilation，梵文是nirodha（择灭），等于nirvāṇa（涅槃）。

② 参见达斯古布塔的《印度哲学史》（S. N. Dasgupta, *History of Indian Philosophy*），第362页及以下。

③ 参见《正理经》（*Nyāya S.*），Ⅰ，1, 2, 22。

④ 参见《正理经疏》（*Nyāya bhāṣya*, Vizian），第9页。

有感慨：“这不是可能的吗——有理性的人应该竭尽全力去抑制自身，最终达到石头一样的无我状态？！”他的答案也归于相同。①

所有印度哲学派别都公开声言，它们接受解脱的教义。因而
它们其实都是从某一整体（whole=sarvam）②的观念出发，进而分 55
裂为二元的境地——现象的生命界与绝对界（世间与涅槃）。而现象的那部分又再经分解，成为了实际的状态（duḥkha，苦）、造成这一状态的动因（duḥkha-samudaya，苦集）以及它们的逐渐消灭（mārga，道）。当这一消灭（nirodha，熄灭）最后实现时，生命也就融入了绝对，围绕绝对的本质存在着不同的构造物。所有这四个论题——即是所谓四圣谛，其实用来解说和表述佛教的基本原则是极不充分的——从究竟角度看，其中并未包含什么教义。③它仅仅是哲学

---

① 参见《正理花鬘》（*Nyāyamañjari*，Vizian），第509页。

② 浦山的看法是：这个sarvam（一切）的整体，从术语含义看并不包含涅槃在内（参其所引书第139页）。但这种说法肯定是错误的。sarvam意指sarvam jñeyam（一切所知境，所知对象）。它只是十二处［āyatanas与《正理经》上（Ⅰ, 1, 9）之12个所量（prameyas）是相当的］；第十二处所谓法的范围内就是涅槃。参见拙著《佛教的中心概念和法的意义》之附录Ⅱ（第106页）中之诸法E，2—3项。从《相应部》（Ⅳ, 15）看，这也是很明白的。其中的“一切”（sabda）作为术语是这样运用的：“sabba-vaggo, sabbam vo bhikhave desissāmi（比丘们啦，我们所说的‘一切’，谓‘一切品类’的意思）。”《中部经典》中（Ⅰ, 3）的一段却不包含这个话题的声明。存在的诸元素无论分十二处还是十八界都包含涅槃，但若是五蕴（阴）分类（参见《佛教的中心概念和法的意义》附录Ⅱ之第4种分类）则不含涅槃。也参见《唯识三十论颂》中“sarvam iti traidhātukam asaṃskṛtam ca［所说一切，包含三界（现象世界）及无为（绝对）］”。

③ 由以下事实可以清楚说明这点——数论、瑜伽、胜论和正理显然都承认这些个“谛”（真理），其他的印度宗派也都默许它们。佛教的范围内有两种相反的理论，小乘方面诸法（dharma=pudgala-nairātmya，人无我）的学说，以及大乘方面空（sūnyatā=dharma-nairātmya，法无我）的学说。可参见边码第41页。它们是由圣者（Ārya）角度看待而将一切存在元素分为四个阶段的分类法（参见《中观论释》，第127页，

体系的框架，是所有印度各宗派学说均能接受的。事实上，它涵盖了印度的大部分哲学观念。乌地约塔卡拉（Uddvyotakara）①说："每一形而上体系中的任何一位哲学家都要讨论这四个论题。"②与此相应，每一个形而上哲学体系中也就必然包括了对生命构成元

"āryāṇām eva tat satyam"所谓圣，即是真理。另外参见《俱舍论》VI, 2以及《佛教的中心概念和法的意义》中所附之表）。巴利圣典协会所编之《巴利语辞典》的编纂者说，"圣者"一词具有"种族的"意义，而āryapudgala（圣补特伽罗）的意思与anāsrava-dharmāḥ（无漏诸法）或mārga-satya（道谛）并不是一回事，而只是类似"高贵的绅士"的意思；但是T. W. 李斯·戴维斯将它译为"阿罗汉"并没有问题。参见《长部》（I, 37）中的译法，出自《佛陀的言教》（英文本）（*Dialogue of the Buddha*）。

① 见《正理释补》（Nyāyavārttika），载《印度文库》（*Bibliotheca Indica*）。其第13页上有这么一句话："etāni cātvary arthapadāni sarvāsv adhyātmavi-dyāsu sarvācāryair varṇyanta iti（一切内在的学问中，这四句的意义是一切师所说）。"

译者补注：乌地约塔卡拉又名Bhāradvāja，印度6世纪时正理派学者。其一生中从事对佛教方面的新因明学说的批判，特别是与陈那展开争论。后来的法称又对乌氏进行了抨击。其著作对后来正理派影响甚大。

② 伐差耶那说，duḥkha（苦）意指Janma（出生）（参见《正理经》，I, 1, 22）。而瓦恰斯帕底解释说，"duḥkha śabdenasarve śarirādaya ucyante（所谓苦，指一切身）"，并且警告说，不要因"苦"而混淆了该词含义，"mukhyam eva duḥkham iti bhramo mā bhūt（不要怀有这样的谬见：以苦为主要的含义）"。迦延陀强调，"na ca mukhyam eva duḥkham bādhanāsvabhāvam avamṛśyate, kim tu tatsādhanam tadanuṣaktam ca sarvam eva（不可以逼迫为苦的本性，若不如此，则一切以之为目的的手段都受它的影响）"。参见《正理花鬘》（*Nyāyamañjari*），第507页，维齐安主编；另参见《俱舍论》（VI, 3）和《中观论释》第127页有"iha nipañca-upādāna-skandhā duḥkham ity ucyate（此外，五取蕴实是苦）"，《相应部》（Ⅲ, 47）也有相同的定义。它是专门术语，是第一圣谛和无漏法（sāsrava-dharmāh）的等值语词；作为"苦"（suffering）是duḥkha-vedanā（苦受），是完全不同的另一回事。在佛教学说中受蕴（vedanā-skandha）一类之下，它另占有一位置。（参见《俱舍论》Ⅵ）混淆这两者便会生出错误，好比弄混"色处"（rūpa-āyatana）和"色蕴"（rūpa-skandha）（后者包含有十处），或者混淆了三界与十八界（dhātus），或者六根和二十二根，或者混淆七十五法与六十四法等所犯错误一样。参见李斯·戴维斯：《佛教心理学》，第83页。

素的分析，也包含了关于生命之驱动力的教义、关于绝对之物和如何逃离现象界之生命，如何消融于绝对界的方法的教义。在正理－胜论的体系中，现象界生命得名duḥkha（苦），这与佛教的称呼无异。这个词无论译为“苦”“不幸”，还是“痛苦”都是不确切的，因为它还包括了诸无知无作的色法物质、五种感觉对象色、声、香、味、触等现象。①在我们的语言中，如果不想引起混乱，56
“苦”一词是无法完全表达所有这些对象的本质的。存在（Bhava=苦duḥkha）的分类表中就有“喜乐”本身，列为第二十一项。而这从道理上来看是完全讲得通的。因为早期佛教也好，正理－胜论也好，都没有“永恒的至福”这个项目（即并未把涅槃当成实在之物）。虽说他们预期了消失于永恒的无造作的寂静状态中“至上喜乐”。

正理－胜论之分概念范畴为二十一项，只是佛教关于存在的十六种结构成分（dhātu，界）②的稍加变动。至于为什么要选择这个术语来称呼现象生命，理由只是因为哲学要寻求现象生命的出路。哲学是关于绝对者的，即涅槃的学问。对于每一个哲学家，整个现象界生命是某种必须回避的东西，这是heya（应断，断灭）的需要。如前面已经指出的，之所以要把存在分解为构成元素，

① 舍氏对“苦”（duḥkha）所作的论断值得重视。在汉语圈内的佛学研究者恰恰是强调“痛苦”（suffering）这一侧面的。——译者

② 关于将可认识之每一事物分为十二种“所量”（prameyas）的分类法，请参见《正理经》I, 1, 9。在某种程度上，这相当于佛教所言之“十二处”（āyatanas）。

译者补注：按《正理经》的说法，十二所量亦即十二种认识对象。它们分别有：我、身体、感官、对境、觉、活动、过失、再生、果、苦、解脱等。而佛教方面的十二处，即六根六境也已经是我们熟悉的了。

目的是确定一种据以逐步地将所有生命的力一一加以抑止的方式。

所有印度的思想宗派又都有另外一个普遍特征：它们都假定了存在着一个使生命持续于此世界，以至于所有可假想的世界当中的根本力量。这个总的力势（Karma，业）又分解为特殊的、被称为幻觉、欲望和厌恶的力。[①]它们是引导未来行为（业行）的种子（习气，行），除非因相应的止灭方法抑制而变得中性化（失去善恶属性），它们始终会造成生命过程的持续不断。幻觉（摩耶，无明）的中性化有赖于哲学的颖悟，但只有瑜伽才能完成那决定性的最终步骤，亦即永久停止经验界的生命，将个别之我转换到绝对界之中。

瑜伽，这里指的是由深入的冥想禅定而产生的神秘能力。所有这些观念都代表着印度特有的思维习惯。在印度宗教中，它们是随处可以遇到的。它们的起源当然不能在波檀迦利[②]的瑜伽学说体系中去寻找，因为该氏的学说被证明属于很晚的时代。那就到了大约佛教出世以后的八百年左右。从耆那教学说体系中可以看
57 到这些观念的粗糙原始形态。这些体系中的幻觉、欲望和厌恶被定义为某种精细的物质，它们经过皮肤上的细孔而渗入体内，或像被吸收的药物聚集起来，或像袋中装满沙土。[③]通过成立戒誓或

① 此幻觉即无明（āvidya）；欲望则指贪婪（rāga）、贪欲、贪受之意；厌恶应指恚（pratigha），对他人的仇恨，憎恶。说到底，这三者都是会造业的。因而，文中所说生命的持续不断，实际是业道的持续。——译者

② 参阅前面第十二章中相关之注解。——译者

③ 参见《谛义证得经》（Tattvārthādhiyama Sūtra），第四之2及以下（雅各比教授德译本，载《德国东方学杂志》LX）。另参见格拉森纳普（H. V. Glasenapp）：《耆那教》（*Der Jainismus*，柏林，1925年），第158页及以下，那中间的欲染（烦恼）被设想

通过持修苦行或通过修定习静，身体皮肤的入口会关闭起来，不再会发生污秽和渗漏的事，从而个人得以净化。其他的所有学说体系中，净化的过程都是精神化了的，它们不用污秽物质“漏入”的说法，污染的精神成分称作āsrava（烦恼，漏），它们也靠内观和冥想来止灭。前边我们说过，佛教学说中的所有存在构成元素，被分为靠哲学知识可以加以消灭的和用神秘的禅定力可以消灭的。又依靠知识力的尚不免堕于邪见解，例如也许会沾染凡夫难免的朴素实在观（相信法有我实之类）。欲望、情欲甚至色法物质之类的东西，也都可以只凭禅定之力而使其消灭。[①]尽管正理－胜论体系所赞成的是朴素实在论的宇宙观，但它要达到涅槃，除了瑜伽的神秘力量也别无他法。“关于此事的细节，”伐差耶那说，“将通过特别的瑜伽手册才会发现。”[②]任何关于此瑜伽方法效用的问题，

为沥青一类的东西，它将流入的（漏入的）物质与灵魂黏合起来。

转引日译者补注：《谛义证得经》（Ⅵ.S）中有“不净（作为），成为恶（之业漏）”的说法（参见金仓圆照：《印度精神文化的研究》，第161页）。

① 正理派的Samudaya-satya集谛（=heyahetuḥ，应断之因），相当于佛教的avidyā-tṛṣṇe无明欲贪）。参见《正理释补》，第4页，Ⅰ，13。按规定这些法数也都包含在duḥkha中（亦即在五种取蕴中）——tad dhetuś ca duḥkham udtam（界因取苦）。此外，这原因又称为“苦”。它们的解毒剂（亦即“道”，marga）则是“正智”（prajñā）和“正定”（samādhi）。参见《胜论经》，V.17—18。正智，又称为法区别智（dharma-praviveka）。参见《伐差耶那注》Ⅳ，2，41。它与佛教的dharma-pravicaya抉择法（事）相当（参见《俱舍论》，第一之2）。

② 参见《正理经广疏》（*Nyāyabhāsya*, Ⅳ, 2, 46）。尽管正理派的“冥想”类似于佛教徒所说的prati-sankhyā-nirodha（对象的意识之消灭=择灭），但其步骤并不一样。借助于有限的神秘的瑜伽之力，将会产生无数的“神秘的身体”（nirmāna-kāya，变化身），无数化身同时而现，以回应无尽无世的业行，从而达到最终寂灭（Final Extinctiou）。参见《正理经疏记》（*Tātparyatikā*, p.6）。按照B. 凯思教授在《印度的哲学和原子论》（*Indian Logic and Atomism*, p.260）的说法，这里“鄙俗的巫术”。按这样的说法，H. 贝克博士——他将关于苦谛（duḥkha-satya）解释成对以太之身（色界，即非欲界）的证见——便成为巫士了（Beck, *Buddhismus*, Ⅱ, pp.89ff.）。通常这样的人都属于巫师。

统统被答以瑜伽之力未可限量。[①]《正理经》提到了从怀疑论出发而引申的某种特别反对意见。[②]他说，一个人可能强烈地深深沉溺
58 于冥想中，以至于完全忘却其周围的一切存在。他可以退隐于某个孤独的场所，或林中，或洞穴岩窟，或海滩，并在那里修习禅定，直至最终对外部世界的直接认知完全停止。虽然如果有特别的力量，如雷电等向他袭来时，他也会从最专注的禅定状态中醒过来。可是为什么这同样的突然惊醒，在他将入涅槃时又不会再从定中出来呢？他进入涅槃不也是依赖这同样的禅定吗？这个问题是这样被答复的：入涅槃前，之所以不会从定中醒来，那是因为至此生命中的一切行业势力都已经完全熄灭了。逾过此点，已不再有活着的身体、感受或任何的认知活动了。

从而我们看见了对神秘的瑜伽之力的依赖，是印度哲学所有派别的共同特点。因为那成为印度各宗派另一共同特点的四大基本主题[③]，其所留下来的空白都需要它去填充。印度各派哲学的每一家都依赖它自己的本体论、认识论、绝对观去构筑一条通向最终解脱的道路。正理-胜论学说设想了有限数量的实体，它们具有变化着的属性。个体我的灵魂于此被表述为某种永恒实体，它是无所不在的，像虚空（空间）一样遍布所有处。知识之在灵魂内产生是因为某种特殊的同具生理性质的内在感官接触的结果。当身体由一处移至另一处时，由于与那随身体移动的内感官的特别

① 即指神通。——译者

② 参见《正理经》，Ⅳ，2，39—44。

③ 即指苦、集、灭、道之“四正谛”。——译者

接触，便在灵魂这同一个不动实体[①]中的某一新的部分产生了感受和思想。因此，灵魂是半物质性的、类似时空那样的无所不在的实体；按照正理－胜论学说，时空同样也被视为单独的、无所不在的实体。这一构造有利于从现象生命向绝对界的过渡。所谓绝对界，则是灵魂实体本身的绝对无知觉亦无造作的状况。凭着冥想之力，内感官受到抑制而离开同灵魂和诸根（感官）的接触，从而不再有意识生起，一切生命便至熄灭，而灵魂实体则在涅槃态中复归于它原初的自然的状态（svarūpāvasthā，自相分，指安住于自己本来相状）。

最初，胜论与正理派致力于同吠檀多派的争论，想要说明已
解脱灵魂究竟的状态。胜论坚持，这不过是一切生命的停止，就
像薪尽火灭一样。[②]他们质问，照吠檀多论者的说法，那构成永恒 59
的精神原理（灵魂）之本质的永恒喜乐和永恒意识，究竟是什么
东西呢？既然涅槃境界中一切知识对象已经完全消失，那么，这

① D. 法德贡（Faddegon）的《胜论学说》（*Vaiśeṣika Sytem*, pp.272–273）一书认为，这种灵魂被想象是“真正地移动的”。这很不可能，因为灵魂代表的是一种统一体（《胜论经》，Ⅲ, 2, 19），并且是无所不在的［vibbu，parama-mahat（遍、极大），前所引书之Ⅶ, 1, 22］。也请参阅《佛教文库》之《正理一滴论疏》（Nyāyabindutikā, p.65）：“niṣkriya ścātmā...sarvagataḥ［此阿特曼（神我、灵魂）］”……并“证明我存在的证据即是苦乐感受和认识的存在，这对一切人和生物来说都是无区别地存在的，由是知唯一之我的存在（sukha-duḥkha-jñāna niṣpattya viṣeṣ daikātmyaṃ）”。

② D. 法德贡在证明实体之灵魂我时（参见其所著前引书，第276页及以下），假设胜论主张其灵魂（阿特曼）是有意识的实体，就与数论和吠檀多的看法一样。但是意识（即Buddhi，也称“觉”）在该胜论体系中只是神我的一种属性（guṇa称“德”），它借助特殊的接触偶然性地（随机地）表现出来。灵魂自身（svarūpāvasthāyām，自相分）既不含意识也不含感受。

喜乐不过是缺无享受对象的喜乐，这知识便是无所分别的知识。这样的感受与这样的知识，即令有，它们的作用也同完全没有一样，两者根本没有什么区别（sthitopy asthitān na viśiṣyate，存在与非存在无别）。[①]从而他们的论敌便反诘说："如果这样，那你们的灵魂就同石头一样死寂吗？"[②]胜论否认这一反驳理由，他们似乎更宁愿采用另一种调和性的比喻（image médiatrice），将灵魂比作虚空。[③]

接下来的又一个问题表明：当我们将消灭视作终极目标时，会感觉到多么强烈的隔膜感。"如果一切意识和生命完全止灭之后，灵魂成了石块一样的（śilā-śakala-kalpa）[④]，如果它与石头没

---

① 《正理甘达利疏》（*Nyāyakandali*, Vizian, p.286）；参见《正理花鬘》，第510页，Ⅰ，12—13。

译者补注：《正理甘达利疏》为胜论派学者室利达罗（Śridhara）于991年左右所撰之注释书，其中广引诸家学说见解，为中世纪印度哲学史的主要参考书。《正理花鬘》则为第12世纪之正理学者迦延陀所著的注释书，被视为正理派之百科辞典。

② 同前注所引书。灵魂，或者那产生意识的实体之纯粹本质，其本身如同石头一样没有任何生气（jaḍa）。这样的结论似乎是由其反对者所推导出来的极端之说。更贴切的譬喻应该说（灵魂）像虚空（空间）一样，是无处不在之实体。

③ 参见《胜论经》（Ⅶ, 1, 22）；巴夏尔婆纳（Bhāsarvajñas）:《正理甘露》（*Nyāyasāra*，第39页，《印度文库》）。

译者补注：（1）"由于空遍在，故甚广大，我亦如是；意无此遍于此，故小（vibhāvān mahā nākāśastatha cātman tadabhāvādāṇu manab）。"（2）巴夏尔婆纳为10世纪湿婆派之婆罗门学者。主要著作为《正理甘露》，其中他否认了正理所主张四种认识方式（量）中的譬喻量，仅承认并发挥现量、比量、圣言量三者。其后该说在印度流行，注疏本甚多。

④ 参见《正理花鬘》（*Nyāyamañjarī*, pp.508ff.）以及《正理经疏记要义灯》（*Nyāyatātparyadīpika*，第282页，同前注所出）。另参见《持座法》（Naiṣadhīya, ⅩⅧ.75）："muktaye yaḥ śilātvāya śātram ūce…Gotamam（佛陀为之讲说如岩石一样的解脱之论）。"

译者补注：（1）《正理经疏记要义灯》为11世纪时（？）Jayasiṃhasūrirn所著。（2）《持座法》，一书为12世纪上半期时之室利哈沙所著。

有什么分别（pāṣāṇa-nirviśeṣaḥ），如果它已毫无生气（jaḍa，知觉，生气），那么，任何智者也不会努力去争取最终解脱（mokṣa-nirvāṇa，解脱涅槃）。”“不过，”作者说，“智者并非只争取喜乐。经验显示，他们还要争取离苦，就好像要避免被荆棘所刺一样。”[1] 这里将现象界生命譬喻为痛苦，那结论便是——世人的终极目标仅仅成了现象生命的熄灭。这最终的熄灭、无知无作的实在状态，又被称作不死之处（amṛtyu-padam）。[2]早期佛教之中的最后熄灭也是这样称呼的。由此，涅槃的永恒不变性格得以强调。

正理派自己也并非没有注意到他们与佛教徒之间的理论相似性。在迦延陀的《正理花鬘》中（第512页）有如下一段极有代表性的议论：“所谓涅槃和类似的用语，佛教徒的意思是指一种 60
究竟的目标（apavarga，终结，完成，解脱），它或者是（小乘的）意识之迁流的断灭，或者是（大乘中的）纯粹（无对象的=无相的对象的）意识之流。前一解答——断灭——在正理论者看来，比灵魂在涅槃中所处的那种死寂状态还要可怜，因为它连石头的状态都被取消了；但有一点我们是可以同意佛教徒的，即灵魂自身的本质与它同别的对象相互作用中呈现出来的形式之间，是存在差别的。（如佛教徒所坚持的，这种实体性的）灵魂的持续变化是不可设想的，像（佛教徒关于声音有他们相反的主张一样）声音为实体（原子性的声尘）的说法与灵魂为实体的观念都

---

① 参见前所引书《正理甘露》，第40页。

② 参见《正理经广疏》（第21—34页，尤其第30页），其中充分展开了与吠檀多派的论争。

是必须斥责为不可能的。”

因而，涅槃对于旧的正理－胜论派别来说①，相似于佛教毗婆沙师的观点，其中都不再有灵魂存在。另一方面，像经量部曾经主张的那样，大乘佛教的涅槃观事实上也有着泛神论的色彩，这与吠檀多派心目中的涅槃境界是很相似的，两者都同样具有泛神论的性格（极具有神论的而非拟于人格的特点）。

① 晚期的有神论正理派中，终极之解脱被认为因直接对神作观想而实现的，而且获解脱的灵魂之我的状态，也被定义为极大的喜乐（参见《正理甘露》，第40页；《正理经疏记释补要义灯》，第293页）。胜论与正理派起初都是无神论者（参见雅各比：《印度古代神之观念史》，波恩及莱比锡，1923年，第47页及以下；D. 法德贡之前所引书，第165页和第345页），由于胜论与正理的神之观念难以明确地划入解脱我论（muktātman）或说它并非解脱我论，这显示了神祇，观念与他们的学说并不是完全圆洽的。按照《瑜伽经》（I, 24），这个问题是这样解决的，即承认意识作为属性，只是随机的（偶然的）存在灵魂中，但它在神那里却是永恒的。［参见《正理甘达利疏》（Vizian, p.58）；《正理经释补》（*Nyāyavārtika*, p.469）］在室利哈沙时代，正理派分无神及有神两支（*Naisadhiya*, XVII, pp.75, 77）。

第二十一章　结论

佛教关于绝对之物的观念史可能遵循了如下的发展理路：

1.公元前6世纪，印度的非婆罗门种姓中存在着哲学思想的"沸腾状态"。人们都在急迫地寻求着种种办法以走出现象生命的禁锢。对于真实的渴望使他们的解脱方案都具有唯实论的色彩。而当时的佛陀所提出的是这么一种学说，或者说他所接受的学说具有这样的特点：并不存在一个永恒不灭的灵魂实体。依据佛的学说，因集合而成的现象生命，被理性加以分解，被还原成各各分离的结构元素。当现象生命的幻象终结之时，才有可能开始那永恒宁静的存在。

2.忠实于这种关于无有实我的涅槃及完全宁静的状态的理想，以之作为佛陀根本教训而坚持下来的，只是一部分佛教部派。实际上，早期的佛教徒中已经出现了一种倾向，要把佛陀转变为超人，使他成为一种永生不灭的自我显现原理。这就导向了佛教僧伽的最初分裂。

3.这种倾向逐步地发展下去，直到1世纪它促成一类新经典的产生。当这种生机勃勃的、数量不断增大的经典文献涌现出来时，它在此过程中也许借鉴了某个奥义书学派的思想，也采取了婆罗门教中的绝对观念，形成了超越性的一元论特征的精神观念。

经由对吠檀多思想的吸收改造，佛陀转变成了充分发展的梵的观念变种，借助于法身（dharmakāya）、普贤菩萨、大日如来等的名义，掀起了对以佛为人格之神的崇拜运动。

4.旧的教团（僧伽）的哲学理论仍然坚持了关于物质、心和力（色心及色心不相应行）的中心概念；但它在构筑其存在的范畴表时，其所着眼的关键是审察如何使诸结构元素这样的范畴，逐步地消融于或被统摄于最高的绝对之中。

5.早期部派中，大众部、犊子部等的意象已经建立了这样的思想观念，即认为某种意识主体会在涅槃状态中依然继续存在。

6.继承这种观念的是具有批判倾向的经量部。它从有部的五位七十五法这样的诸法范畴表中删除了那些造作性的元素（有为法）。涅槃本身不再是一个单独的实体。而绝对存在界本身则被转到了有情的众生界。这样的“涅槃即世间”的观念，便已经标志了部派佛教向大乘佛教的过渡。

7.新的宗教（即大乘佛教）的哲学对吠檀多学说的力行改造，其结果便是：它完全放弃了以前的多元实在论原则，转而倡导和强调一种绝对的一元论观念。

8.然后，大乘的前进有两个取向：一方面，大乘设想：世间所有的现象生命都只是表相的显露，从背后规定着这些表相的只能是所谓的藏识观。这种坚持唯有心识决定实在的观念论派别，最终建立了逻辑学；而另外一个倾向的派别，则根本否认可以通过逻辑方法来达到对绝对界的认识。后者宣称，一切多元的存在概念都只是思想虚构出来的，当然只是一类幻觉。离开了全宇宙的整体大全之统一性，世间其实无有一物真的存在。他们说的这个大全者，便是只有瑜伽现量这样的直观力才能把握的绝对（空）。

9.曾经的过渡部派，那叫作经量部的，在5世纪左右与大乘佛教中的（瑜伽行）观念派结合起来，产生了印度史上最伟大的哲学家——陈那与法称。关于涅槃，这一宗派假定：存在着一个纯粹精神性的原理（它叫阿赖耶根本识）。这一精神原理中蕴含着统一的主体与客体二者。而依附于这种精神性原理并最终引生出整个现象世界的是一种叫作“习气”（vāsanā）的先天幻觉。

10.到了7世纪，这种形式的佛学得以高度发展。与此发展形式大约同时也在推进的，是从初期大乘而来的相对主义（中观派）。由于前者新鲜的思想刺激，中观派复苏且泛滥开来，导致了一个新的混合型宗派[①]的形成。

11.由佛教的（绝对有）之观念论和（绝对空）相对主义塑造了两大派别的哲学。它们都达到了高度完美的地步。其影响力所及，绝不仅仅及于后来的各家印度哲学。到下一时期，我们便可以看到，以往的吠檀多派哲学是如何实现自身体系的改造。它毫不客气地大量借用唯识派与中观派的思想观念与哲学方法。用新的论证手段来建立一种更为圆熟的吠檀多学说。 62

① 这里指中观-瑜伽派，或称瑜伽行中观派。这是印度佛教中密教昌炽以后，在大乘显教中出现的趋势。当然它也包含了密教的因素。作为此部代表的是师子贤等人。他著有《八千般若解说·现观庄严颂明》一书，其中糅合并贯通了中观与瑜伽行两派思想，对西藏寺院中之显宗学术系统影响尤其明显。——译者

附录一　关于《中论》与中观派

说到大乘中观学说的空之理论，龙树有三本论书，即《中论》——基本的（mūla，根本的）、完整的论著——以及另外两本：《六十如理论》（*Yukti-sastikā*）和《空性七十论》（*Sūnyatā-saptati*）。

《中论》共有400颂[①]，分27品。第一品即讨论因果性概念。它将我们日常生活中的因果观以及所有实在论见解斥为荒谬，从而直接建立了中观派的一元论（advaita，不二说）。《中论》的其余各品均运用了同一方法。[②]

---

① 原文如此。想必作者是说月称所注的梵文本。若依汉译青目所注之本子，虽号称500颂，实为446颂。——译者

② 此各品依次列于后：一观因缘品；二观去来品；三观六情品；四观五阴品；五观六种品；六观染染者品；七观三相品；八观作者品；九观本位品；十观燃可燃品；十一观本际品；十二观苦品；十三观行品；十四观合品；十五观有无品；十六观缚解品；十七观业品；十八观法品；十九观时品；二十观因果品；二十一观成坏品；二十二观如来品；二十三观颠倒品；二十四观四谛品；二十五观涅槃品；二十六观十二因缘品；二十七观邪见品。

译者说明：舍氏在附录中采用月称注《中观论》，又称《明句论》。从月称发表见解看多涉及其秉承的佛护之说，与清辨相驳难，属中观应成派见解。考虑到本书附录是为前面大乘学说理论建构服务，我们采用了鸠摩罗什译青目注释的本子，并多处引用吉藏的《中观论疏》。除了附录第一品《观因缘品》和第二十五品《观涅槃品》外，我们还另外选出第十五品《观有无品》和第十八品《观法品》。这主要是显示大乘空宗对待以说一切有部为代表的小乘“执见”的批判。作为《中论》的基本偈颂，它们与月称本子一样（纵有细微差别，前面正文中随注释所附梵汉对照也有显示），而注疏文字因有吉藏等的详细说明，更有利于读者体味。

分别斥责小乘哲学体系中的各个概念。龙树另外还写有两个短论，讨论他所擅长的否定辩证法。其中，常为人们引述的便是《回诤论》(*Vigraha-vyāvartanī*)。

据说龙树还写有好多别的论书[①]，又有人说他就是那个名字也叫龙树的冶金师、炼金术士和炼丹家。但这是甚可怀疑的事。龙树的弟子提婆(Âryadeva，圣天)，一位锡兰出生的学者，也写了一部含400颂的论书，讨论的是同《中论》一样的主题，只是安排不同，论述更有系统性。

---

① 龙树有“千部论主”之称，著述极为丰富。按西藏的说法，他不仅是中观大家而且是密教始祖，这位龙树至少生活了600年左右。历史上记名为龙树所撰的著述实在是很多的。据月称的《明句论释》所举就有八部，《布通佛教史》所举有六部，多罗那他则举有五部。经现代学者研究考证，比较可靠的是：(1)《中论》(本颂，有梵本、藏译本、汉译本)。(2)《六十颂如理论》(亦称《六十如理》本颂，有汉译本、藏译本)。(3)《空七十论》(本颂及散文自注，仅有藏译本)。(4)《回诤论》(本颂及自注，有梵本、藏译本、汉译本)。(5)《广破论》(经与自注，有藏译本)。(6)《宝行王正论》(本颂，存部分梵文，有藏译本、汉译本)。(7)《观诫王颂》(本颂，有藏译本、汉译本)。(8)《因缘心论颂释》(有颂及自注，梵本大部尚存，有藏译本、汉译本。梵名为：*Pratītya-samut-pādahrdaya-kārika-vyākhyāna*。载日人瓜生津译：《大乘佛典》14。梵本刊行为：V. V. Gokhale, Encore; The Pratītyasamutpādahrdayakārikā of Nagarjuna, V. S. Apte Commemoration Volume, ed. G. Dad phale, D. E. Society, Poona, 1987, pp.62—68)。

月称和布通都说过，龙树有另一重要著作《大乘宝要义论》(*Sūtra-samuccaya*)。其为辑自诸经当中的最重要段落。该论是后期中观派之重要参考著作，尚未确证是否真的出于龙树。又据汉译经典，龙树尚有《十二门论》《大智度论》《十住毗婆沙论》。又有《四赞》(*Catuhstava*，有梵文残片、部分藏译)、《大乘破有论》(*Bhavamkrānti*，散文，有藏译本与汉译本)、《大乘二十论颂》(*Mahāyānavimśika*，本颂，存梵本、藏译本，汉译本可参见日人瓜生津译之《大乘佛典》14)。——译者两个论者的生期现在仍未绝对确定①，但通常被大多数学者接受为2世纪左右。虽然他们都是南印度人，但其活动区域主要在北印度，那里当时正处在贵霜王朝的时代。

龙树和提婆之后的两个世纪，佛教大乘中观学说的发展中断了。两百年间，我们没有听说有杰出的中观论师和中观著述。②中观哲学似乎部分地湮没无闻了。要不然我们如何说明：何以佛音对中观派只字未提呢？

---

① 一般认为龙树的生活期在2—3世纪。汉译经典中鸠摩罗什译《龙树菩萨传》，吉迦夜、昙曜译《付法藏因缘传》卷5，玄奘之《大唐西域记》卷10皆有其事。《布通佛教史》与多罗那他《佛教史》中亦有传记，但其中神话成分甚多。比较容易为今天学者接受的仍属鸠摩罗什（350—409年）。

据史书和现代考古资料推定，龙树晚年活动于今印度海得拉巴东南，克里希那河南岸之龙树山一带。这一地区在公元前后属于沙达婆诃拉（即案达多）王朝统治。龙树与该王朝国王有密切交往，据说曾为王之国师，但他著有《龙树菩萨劝诫王颂》和《宝行王正论》看来是可信的。鸠摩罗什和他同时代的慧远、僧肇等所言及的龙树事情都上距龙树生期不过百余年，我们以此判定龙树生于2—3世纪。提婆生期与龙树相比较，生卒各晚20年左右。他生于锡兰，师从龙树后，主要活动于南印度。提婆是富于战斗性的大乘论师，因结怨于所谓外道而被杀。罗什译的《提婆菩萨传》，吉迦夜、昙曜译的《付法藏因缘传》，及玄奘均提到他的事迹，月称作《四百论注》的序言也有其生平。

可信的提婆著作有：(1)《四百论》[(*Bodhisattvayagācāra-Catuhśataka*，分十六品，有梵文断片。相当于玄奘译的《广百论本》之第9—16品]。(2)《百论》(*Śataśāstra*，附婆薮释论，今存汉译本)。(3)《百字论》(*Aksarasataka*，散文，梵本不存，仅有汉藏译本)另有尚难证明但题名提婆所造的《智心髓集》(*Jñāna-śarasamuccaya*)。——译者

② 依据藏文资料（如日本东北大学的《藏文大藏经目录》第1127号）、《大智度论》卷18、无著《顺中论》、真谛译《摄大乘论释》中所引文等，我们知道提婆有一弟子，称罗睺罗跋陀罗（200—300年），著有《赞般若波罗蜜偈》(*Prajñāparamitāstotra*. P. L. Vairdya, *Asta-sābastrikā Prajñāparamitā*, 4, Darbhanga, 1960, pp.1, 2. 另参见宇井伯寿《印度哲学研究》第一，第341页及以下；《妙法莲花经》(*Saddharmapuṇḍrikastava*，今存梵文残篇，参见荻原云来、渡边海旭校刊的梵文《妙法莲花经》，东京，1935年，附录梵本)。——译者

接下来的时期，是印度文明的黄金时代。此时正当北印度的笈多帝国统治。5世纪的无著与世亲两兄弟是某种改头换面的一元论的旗手，由于他们，新的一元论被给以观念论的阐释。

此后，中观哲学的发展基地转到了南方。6世纪前后，我们看到了真正的毫不妥协的龙树相对主义的强力复兴。与世亲的两个后学安慧与陈那——都是非常出名的学者，一位活动于须罗特（Surat）的伐腊比（Valabhi），另一位活跃于奥利萨（Orrissa）——大约同时，中观系统中也产生了两位同样闻名遐迩的巨匠，这便是佛护（Buddhapālita）和清辨（Bhavya或者Bhāvaviveka）[①]。

他们都活跃于南印度。大乘佛教学说此时明显地分裂为北方的瑜伽行派观念论学说，以及南方的持空论的相对主义派别。后者又分裂为追随佛护和追随清辨的两支。

这两支中观派中的前者，说到底拒绝承认依赖逻辑可以认识终极绝对者。他们也不认为有真正的名副其实的逻辑理由。他们之所以接受逻辑作为一种论争手段，是因为可以让对手终归流露出无可救药的自相矛盾。这一支便被称作应成中观派（Mādhyamika-Prāsangika）。另外一支，即清辨的追随者则认为，有必要对龙树的空之原理加以补充，按照逻辑规则构造独

① 清辨也有别的称名，通常被称为Bhavya。据推定为500—570年的中观派注释家。著有：（1）《般若灯论》（*Prajñāpradīpa*，对《中论》的注释，有汉、藏译本）。（2）《中观心论颂》（*Mādhyamikahrdayakārikā*，本颂，现存梵藏本子）。（3）《中观心论注》[*Tarkajvālā* (*Mādhyamakahrdayavrtti*)，又名《中观心论注思择焰》仅存藏译本]。（4）《大乘掌珍论》，仅存汉译本。——译者

立而自恰的（svatantra）[①]论证形式。这一支因而称自续中观派（Mādhyamika-Svātantrika）。清辨是一位非常精细的逻辑家，也许他比任何别的逻辑家都更像希腊埃利亚的芝诺。他的某些颇令人费解的“诡辩”使其在佛教界享有盛名。一开始清辨一派相当成功，人数也比佛护的门人多得多。但到了7世纪，月称大师出世了，他是应成中观派的巨匠，擅长运用纯粹否定的论法来建立其一元论主张。他的辉煌成就令清辨一派黯然失色，结果遂隐没不闻以至于消亡。月称最终确立了中观学说的形式。直到今天，这个体系成为了西藏和蒙古喇嘛寺院的主要传习内容。月称的见解被认为是大乘佛教的真正哲学基础。

依据大乘哲学的发展，我们可以确立以下这些时期：

1. 1世纪，当大乘佛教兴起时，出现了马鸣（Āśvaghosa）所承认的阿赖耶以及如实性（tathātā，如性）。

2. 2世纪，龙树和提婆表述了普遍相对性（sūnyatā，空）的理论。

3. 3世纪和4世纪是一个断层。

4. 5世纪，无著与世亲作了观念论的阐释。

5. 6世纪，观念论（唯识）和相对主义（中观）这两个派别都出现了分裂。前者的代表是陈那、安慧，后者则以佛护、清辨为代表。

6. 7世纪，月称成立的极端中观学说得以成立。

---

① 所谓Svatantra，通常译“自续”，指具有自身逻辑性、符合自己基本主张的，是自许的而论辩对手不一定同意的。——译者

中观派研究综述

本书完成于20世纪20年代。当时西方学者对于北传佛教原典的研究尚处于起步阶段。大量的汉藏资料均未为西方学界所了解。俄国学者瓦西里耶夫、舍尔巴茨基、奥伯米勒等人，虽然是较早地直接依据藏文和梵文文献来研究北传佛教的，例如他们采用了如《善逝宗义分别》（*Sugatamatavibhanga*）、《真理宝》（*Tattvaratnāvalī*）、《智心髓集注》（*Jñānasāra-samuccaya-nibandhana*）等经典来研究中观学说史，但必须说，大量搜集材料及第一手的资料解说这个传统则多半是20世纪60年代以后的事。

以下我们补充一些有关中观学派源流的情况。所依据的主要是日人梶山雄一撰写的“中观思想之历史与文献”（载于《讲座：大乘佛教7：中观思想》，东京，昭和五十七年）。

中观学说的发展可以分为三期。第一期以龙树、提婆和罗睺罗为代表，时当2—5世纪。第二期以护佛、清辨和月称为代表，此期《中论》注释大家辈出，应成中观派（prāsangika）和自续中观派（svātantika）成立，时当5—7世纪。第三期则为中观思想与瑜伽行派唯识思想的汇合，其代表人物为寂护与莲花戒，时间约为8—11世纪。

第一期，龙树、提婆等的著作学说，本书正文及注释均已言及，此从略。

第二期，《中论》注释大家有八位（据《般若灯广注》第一品），除题名龙树自注的《无畏疏》（*Akutobhayā*），另有佛护注的《中论》。

月称（Candrakīrti，600—650年），月称注的《明句论》（*Prasannapadā*）。

提婆设摩（Devaśarman，约5—6世纪），疏本今不存，清辨引述过。

古室利（Gunaśri，约5—6世纪），疏本今不存。

德慧（Gunamati，5—6世纪），疏本今不存，清辨引述过。

安慧（Sthiramati，510—470年），《大乘中观释论》（汉译本）。

清辨（Bhavya，500—570年），《般若灯论》清辨注。

此八家中，佛护所作疏释梵汉不存，仅有藏译本。作为应成中观派的祖师，佛护此书对《中论》注释甚为简明。清辨是对立的自续中观创始人，他的著述有《般若灯论》《中观心论颂》《思择焰论》《掌珍论》等。月称之《明句论》是唯一存梵本之《中论》注释书。实际上，现存《中论》梵文是从《明句论》辑出的。《明句论》曾由比利时学者浦山在1903—1910年参考藏译本而刊定。《明句论》汉文方面不传。此论英文本有舍尔巴茨基所译。德文本节译有：St. Schayer, *Feuer und Brennstoff*（*Rocznik Orientalistyszny*, 7, 1929—1930年， 第10品 ）；St. Schayer, *Ausgewlte Kapitel aus der Prasannapadā*, Krakowie, 1931（第5及12至16品 ）；E. Lamotte, *Mélanges chinois et bouddhiques IV*, Bruxelles, 1936（第17品）；J. W. de Jong, *Cinq chapitres de la prasannapadā*, Paris, 1949（第18—22品）；Jacques May, *Candrakīrti*, *Prasannapadā Madhyamakavrtti*, Paris, 1959（第2—4品，第6—9品，第11、23、24、26、27诸品）。

日译本则有：《狄原云来文集》（第11—17品），1938年；山口益：《月称造中论释》（第1—11品），弘文堂，1949年；金仓圆照：《观时品和译》，1970年；长尾雅人：《世界名著Ⅱ：大乘佛典》（第15品），1967年。

藏文经典中尚有月称《入中论》之残篇。关于印度中观学派与佛教各宗派的实况，7世纪尚有观戒（Avalokitavrata）所著之《般若灯广注》。此书梵本不存，仅有藏译本，分量近千页之巨。由此书可以了解月称和后来法称（600—660年）的思想要点以及自续中观的发展情况。

按藏传资料属应成中观派的尚有寂天（Śāntideva, 650—670年），他著有：（1）《大乘集菩萨学论》（*Śikṣā samuccaya*）；（2）《诸经要集》（*Sūtrasamuccaya*）；（3）《入菩提行论》（*Bodhicaryāvatāra*）。

第一和第三两部梵本今存，可确认为寂天所著。《诸经经集》梵本不存，藏译本与归到龙树名下的失译的《大乘宝要义论》相当。《诸经经集》中引述之经典约60种，有的为龙树以后时代所出。目前尚难断定为龙树还是寂天所作。《入菩提行论》在后来的中观派学说中很受重视，中国西藏及印度都有许多论疏本，其中最有名的则是智作慧（Prajñākaramati, 950—1030年）所著的《入菩提行论细疏》（*Bodhicayāvatārapañjikā*），今尚有梵本和藏译本。从《入菩提行论细疏》看，智作慧主要依据月称的立场议论。从他对经量部和瑜伽部的批判反衬出自己的中观立场。

第三期早期的中观学派可以总结以下几点：（1）借注解《中论》发挥己见的方法保留下来；（2）随论证方法的不同而继续有自续及应成两家；（3）对瑜伽行派有逐渐加强的对抗意识。第三期的晚期，中观派以寂护为开始的标志。这一时期的中观学者多属自续派一系，就学说而言，它受到法称量论的影响，部分吸收了有部和经量部学说。总体上说，第三期中观派具有综合性的特点。

这一时期的中观大家则有：智藏（Jñānagarbha，8世纪时人），寂护的老师，著有《二谛分别论》（*Satyadvayavibhanga*，46颂，今存藏译本）、《二谛分别论注》（*Satyadvavibhanga-vrtti*，仅存藏译本）、《瑜伽修习道》（*Yogabhāvanāmārga*，仅存藏译本）。另著有中观或量论方面的小书十来种，均为藏译本。本传不明。寂护（Śāntaraksita, 725—784年），受学于那烂陀寺。著有《摄真实论》（*Tattvasmgraha*，颂体，今存梵、藏本）、《中观庄严论》（*Madhyamakālamkāra*，颂体，仅存藏译本）、《中观庄严论注》（*Madhyamakāra-vrtti*，散文，今存藏译本）。

另撰有《二谛分别论注》。最重要的著作即《摄真实论》，其3645颂介绍、批判了有部、经量部学说，包含了对胜论的范畴、认识理论和逻辑学的批驳。《中观庄严论》坚持一切存在物本性非一非多，由无自性而明空，逐一破斥外道、有部和瑜伽行派。从寂护的判教立场看，他给予瑜伽行派很高的评价。他认为中观学者是以直观所见的最高真理——空性——为本据。而瑜伽行派的唯识无境学说是从世间立场来看待的佛教真理。寂护之所以被认为是瑜伽-中观派，也缘于此种胜义与世间不相分离的见地。寂护的逻辑立场同于清辨，他同意中观的胜义谛是可以成立的恰当论证形式。寂护的弟子莲花戒对《中观庄严论》著有详细的疏本。

莲花戒（Kamalaśila, 740—797年），其著述有《中观庄严论细疏》(*Mādhyamakālamkāra pañjikā*，今存藏译本)、《摄真实论细疏》(*Tattvasamgraha pañjikā*，今存梵、藏本)、《中观明》(*Mādhyamakāloka*)、《真实明》(*Tattvāloka*)、《成一切法无自性论》(*Sarvadharmanihsvabhāvasiddhi*)。

莲花戒在寂护死后，应赤德祖赞之请于794年入藏与汉地大乘和尚辩论，证明中观学说的殊胜性质。他曾为西藏的一般信众撰写三部《修行道次第》，其中批判禅宗顿悟学说，力主中观渐悟立场。

解脱军(Vimuktisena，8世纪)是师子贤的老师。西藏传统公认的重要人物，但本传不名。他著有《现观庄严论注》(*Abhisamayālamkāra-vrtti*，藏译本存残篇)。它是对归到弥勒名下的《现观庄严论》的注释，而该论又是关于《二万五千颂般若经》的论说。《现观庄严论》也有无著、世亲等唯识学者的注释。中观方面，解脱军和师子贤均为之作注疏。

师子贤(Haribhadra，8世纪)主要著有《八千般若颂解说·现观庄严颂明》(*Asta sāhasrikāprajñā-pāramita-vyākhyā Abhisamayālankāralokā*)。师子贤在疏中循《八千般若》将《现观庄严论》先分科段，后加详解。此书梵文、藏译本均存。师子贤本疏本中大量引述寂护在《中观庄严论》中对有部、经量部和瑜伽行派的批判。师子贤就《现观庄严论》约简而辑出“小注”，通称《现观庄严疏》。

这一时期，尚有一些介绍有部、经量部、瑜伽行派和中观派学说纲要的重要著作，从中可以了解大乘佛教晚期尤其是中观派此期的概况。其中，最著名的中观论者为胜敌(Jitāri或Jetatipa)、觉贤（Bodhibhadra）以及不二金刚（Advayavajra），他们都是10—11世纪时人。

胜敌是阿底峡的老师，他是东印度超行寺的大班智达，著有多种有关密教及逻辑的论书。其中，《善逝宗义分别》及其《注疏》（*Sugatamtavibhanga-bhāsya*，仅存藏译本）甚为有名。该疏本记述晚期佛教四大学派——经量部、有部、瑜伽行和中观——学说，从胜敌将中观放到最后作胜义哲学看，他属于中观学派。西藏的传统认为他属于瑜伽行中观派的形象虚伪论者（相假论者）。但日本学者松本史朗认为他属于该派的形象真实论者。①

觉贤的《智心髓集注》（*Jñānasārasamuccaya-nibandhana*）今天也只有藏译本留下。该集注也是对当时外道及佛教四大学派的叙述与批判。日本学者山口益最先注意到此书，御牧克己对其中佛教四学派学说部分加以校订并做法译。②

不二金刚是密教学者，他的《真理宝》今存有梵藏两种本子。此书纲要地叙述声闻、独觉、大乘和真言理趣概要，其间也论及有部、经量部和瑜伽行及中观派。值得注意的是，他将经量部视为大

---

① 参见松元氏之On the philo-sophical positions of Dharmottara and Jitāri，载《印度学佛教学研究》，卷29第2号1981年；G. Bühnemann, Jitāri: keine Texte, Wiener Strdien zur Tibetologie und Buddhismuskunde, Helf8, 1982；田丸俊昭，Jitāri的Anekāntavādanirāsa，载（佛教学研究）第三四号，1987年；白赖星成，Sugatamatavibh-angabhāsya中第二章“经量部”的日译，载《佛教论丛》第21号1977年。

② 参见山口益“被认为属于提婆的中观论书”一文，载《中观佛教考论》，1944年；另外，Katsumi Mimaki，即御牧克己的La Réfutation boudhiques dela permanence des choses (sthirasiddhidūsana) et la preuve de la momentanéitédes choses ksanabhangasiddhi)《破常住论与成刹那说》，巴黎，1976年，附录。

乘学说，又在中观派中区分出幻喻不二论（Mayopamādvayavādin）和一切诸法无住派（Sarvadharmāpratisthānavādin）。此外，不二金刚还撰有《十种真实》（*Tattvadaśada*）的小论，该书有俱生金刚（Sahaja-vajra）所作的注疏[①]。

除了以上这些写作诸宗学说纲要的学者，另有几位值得介绍的中观论师。他们是甘婆罗（Kambala）、宝作寂（Ratnākaraśanti）和阿底峡（Atiśa）。

据多罗那他说，甘婆罗是法称之后的论师，时当700年左右。依松元史朗的说法，俱生金刚在他的注疏中是把甘婆罗划为瑜伽行中观派中的无相唯识论者的。藏传资料也都作如此说。甘婆罗的著作有《般若波罗蜜多九颂精义论》（*Prajñāpāramitā-nava sloka*）、《光明论》（*Âlokamālā*）。[②]

宝作寂为11世纪时人，阿底峡之师，与宝称（Ratnakīrti）、智友（Jñānaśrimitra）等为同时代人，学术背景为超行寺，他的著作有《内遍充论》（*Antarvyāpitisamarthana*，讲逻辑包含关系）、《般若波罗蜜多论》（*Prajñāpāramitādesa*，该书成立无相唯识瑜伽行学说）。宝作寂的主张受到主张瑜伽行派有相唯识论的宝称和智友的批判。这是晚期印度佛教中的一大争论。瑜伽行派中主张无相唯识论的人，其立场极接近中观派的一切法无自性说。特别是宝作寂更强调中观与瑜伽调和的，但他的立场更亲近瑜伽行派。

---

① 参见松元史郎"宝作寂的中观派批判"（下），载《东洋学术研究》卷19第2号1980年，第164页以下。该文是对《十种真实论疏》（Tattvadāsakatikā）的介绍。

② 松元史郎前所引"宝作寂的中观派批判"（下）；另参江岛惠教对于《光明》梵本写本及藏译本的介绍，载《日本一九八一年度印度学佛教学年会会刊》。

阿底峡（982—1055年）曾是超行寺的座主，又是那烂院寺的大学者。应西藏阿里王子绛曲微之请于1042年入藏弘法，先是撰写《菩提道灯论》(*Bodhipathapradīpa*)，所传内容有显密二教，涉及中观、般若、现观般若体系。

按照西藏的宗派源流著作，如贡措吉麦丹波（dkon mchog'jigs med dba-npo, 1728—1797年）所著的《学说宝》(*Grub mtha' rnam bzag rin chen phren ba*)，中观派的源流如下表：

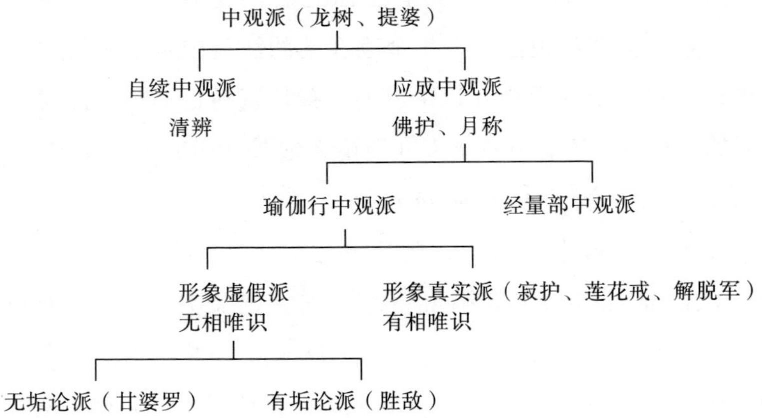

附录二　《中论》（第一、第十五、第十八及第二十五品）[1]

《观因缘品》第一[2]

不生亦不灭，不常亦不断。
不一亦不异，不来亦不出。
能说是因缘，善灭诸戏论。
我稽首礼佛，诸说中第一。

问曰：何故造此论？

---

① 采用日本《大正藏》卷30，第1页及以下，第1564号。龙树著论，青目释，鸠摩罗什译。注释参考了吉藏《中观论疏》(《大正藏》卷42)。

② 何以《中论》要以《观因缘品》起首呢？吉藏说："为释成八不义。以万法皆是因缘无有自性，以无自性是故不生，显于中实令因中发观，是以建首辨通因缘。"用我们的话说，一切事物均依赖条件性，所以没有自我肯定性。《中论》之所以从说因缘开始，正是为了强调，凡具因缘者便是相对者、有限者，便是绝对者、超越者的对立面。关于它们的任何分别都是戏论，只有摆脱生灭、常断、一异、来去，摆脱相对的因缘性，才能达到绝对，才是中观，才是中道，才是涅槃。

答曰：有人言万物从大自在天[①]生，有言从韦纽天[②]生，有言从和合[③]生，有言从时[④]生，有言从世性[⑤]生，有言从变生[⑥]，有言从自然生[⑦]，有言从微尘生[⑧]。有如是等谬，故堕于无因、邪因、断常等邪见，种种说我我听，不知正法。

佛欲断如是等诸邪见，令知佛法故，先于声闻法中说十二因缘。又为已习行有大心堪受深法者，以大乘法说因缘相。[⑨]

---

① 大自在天，印度教最高神，传说他造作变化一切事物，一切事物若消灭又复归于他。

② 韦纽天，即毗湿奴大神。

③ 和合，谓男女阴阳和合生，一切诸法从因缘和合生。

④《大智度论》上说，古印度有以时（kāla）为宇宙本源者。时有二种，一者时体是常，但为万法作于了因，不作生因。是故此时名不变因。……二者谓别有时体，能生万物。故为万物作生杀因。

⑤ 世性，一切世间的本性。在此指所谓"冥初外道"所执的世界本源。冥初，指无尽时间之前的状态。《论疏》说："从世性生者即是冥初外道，以神通力见八万劫事，自尔之前冥然不知，谓此一冥为诸法始。故云冥初。一切世间以为本性，名为世性。"

⑥ 变生，变化而生，最典型莫过数论的自性变化而成万事万物。依《论疏》说，变有四种：神通力变；性自变，如少而老；遇缘而变，如水成冰；外道谓别有变法。

⑦ 指所谓无因而生，称自然生。

⑧ 微尘生，可以是胜论的极微（原子）说，也可以是数论师之细色。《论疏》说："微尘生者外道计，至妙之色圆而且常，聚则成身，散则归本，数论师云，以细色成粗色，而邻虚最小。与此执略同。"

⑨ 青目在此声明，是从大乘立场来看待十二因缘，佛陀以往为声闻之人说十二因缘生灭，最后归于无常，目的在揭示现象的世间；而《中论》这里宣称的十二因缘不生不灭，则显示流转变迁的世界之后的绝对性存在。从超越性的本体立场看，本来无所谓运动与差别。因而大乘法所强调的是超越一切运动性、差异性、分离性的绝对。它所讲的因缘性，是从对最高的纯粹存在回过来看相对性制约的存在者的实况。说因缘有生灭是为了否定不合理的以苦为特征的现实，说无生无灭是为了肯定有超离此现实的解脱境界。从思想发展的角度，大乘思想较之小乘佛教停留于对现象世界的分析远远高出了一个层次。哲学的目的就在于追寻终极目标，为现实存在寻求一个整体的解释；若以此整体的解释引入宗教生活，便是解脱论，亦即成圣成佛。但这里，大乘只是从认识者具有不同接受能力来调和大小乘的差异。在它看来佛教只有一乘，小乘是权宜之教，因为有钝根人不堪受佛道。大乘是为有大心堪受深法的菩萨准备的。

所谓一切法不生不灭、不一不异等，毕竟空无所有。如《般若波罗蜜》中说：佛告须菩萨：菩萨坐道场时，观十二因缘，如虚空不可尽。佛灭度后，后五百岁像法[①]中。人根转钝，深着诸法，求十二因缘、五缘、十二入、十八界等决定相。不知佛意，但着文字。闻大乘法中说毕竟空，不知何因缘故空，即生疑见[②]。若都毕竟空，云何分别有罪福报应等？如是则无世谛、第一义谛，取是空相而起贪着，于毕竟空中生种种过，龙树菩萨为是等故，造此中论。

不生亦不灭，不常亦不断。

不一亦不异，不来亦不出。[③]

---

① 像法，佛教认为佛灭后，佛法传播必然遭受一个渐次衰微的过程。至少分正法、像法、末法三个时期。一般说正法有五百年，像法有一千年，末法有一万年。窥基说："佛灭度后，法有三时，谓正、像、末。具教行证三，名为正法；但有教行，名为像法；有教无余，名为末法。"（《大乘法苑义林章》卷6）

② 大乘中观的立场并非否定主义和虚无主义，此处已见一般。如果说佛教之外的"外道"迷于人我二法，即客观世界和主观世界的话，小乘一般已破除了对人我（主体世界）的迷误，大乘学说当然已破斥了人法二者。其实，像《成实论》虽未入大乘境界也是破人法二执的。中观论者并不满足于此，他认为执二有是迷，执二无（二空）仍然是迷。中观所教导的无穷尽的层层破斥的方法和态度，不允许思想停留在某一胶着状态，无论此状态是有是空，它都要一一超越，无穷地趋近实相本然。

③ 此偈颂之"八不"论断，被认为是根本真理、第一义谛。按照古来注家说法，不生不灭已经包含了后面的不常不断、不一不异和不来不出六事。仅用前二种"不"，足以遍破一切法执。应该指出，从中观立场来看，真正的中道应该是不生与不灭。不生不灭的本质依据也在于因缘，因缘生便是不生，因缘灭便是不灭。并非另外有一个不生或使不生的东西，另外有一个不灭或使不灭的东西。只就因缘性、相待性便可以知道没有真实的生灭，这才是存在的本相。从这一意义上把握因缘便符合中道，也就不至像外道、小乘或执空者那样抓住语言概念不放，作种种戏论。佛的言教本来是为了将实相（存在本相）显示给人，但迷误的人不去体会实相，而是在佛借以说实相的语言概念上下功夫。这样看，连"八不"也不可作拘泥的看待。

能说是因缘，善灭诸戏论。

我稽首礼佛，诸说中第一。

以此二偈赞佛，则已略说第一义。

问曰：诸法无量，何故但以此八事破？[①]

答曰：法虽无量，略说八事则为总破一切法。不生者[②]，诸论师种种说生相，或谓因果一，或谓因果异，谓因中先有果，或谓因中先无果，或谓自体生，或谓从他生，或谓共生，或谓有生，或谓无生。[③]如果等说生相皆不然，此事后当广说。

生相决定不可得故不生。不灭者，若无生何得有灭？以无生无灭故，余六事亦无。

问曰：不生不灭已总破一切法，何故复说六事？

答曰：为成不生不灭义故。有人不受不生不灭，而信不常不断。若深求不常不断，即是不生不灭。何以故？法若实有，则不应无。先有今无，是即为断；若先有性，是则为常。是故说不常

① 所谓诸法戏论无量，外道有九十六种；佛教内部也有五百论师，但所有主张最终都要解决生灭、一异等基本问题。从印度哲学角度看，世界本源的问题、运动与同一性的问题既是形而上的，又是解脱论的。

② 按传统中国三论师的说法，从胜义的（根本的终极的）立场讲，无论假生、实生都不存在，才是中道；而小乘诸论师说生，总是偏于或假生或实生。

③ 主张因果一体，是数论师的说法；胜论师则认为因果异体。小乘论师中大众部说因果一，故种子能生芽，人可由少而老。上座部说没有转变的可能，先是种子灭，后方有芽生，年少先灭于前，而后有年老，此为因果相异之说。若从过去来二世有无看，数论、上座部也就主张因中有果，而胜论与大众部（包括成实论师）又都主张因中无果。从自体生者，有数论之自性生；毗昙师之从性大生事大；从他生者，若从大自在天生；而耆那教之尼干子认为自他共生，如是等等。

不断，即入不生不灭义。[1]

有人虽闻四种破诸法，犹以四门成诸法，是亦不然。[2]若一则无缘，若异则无相续。[3]后当种种破，是故复说不一不异。有人虽闻六种破诸法，犹以来出成诸法。[4]来者，言诸法从自在天、世性、微尘等来；出者，还去至本处。复次，万物无生。何以故？世间现见故。世间眼见劫初谷不生。何以故，离劫初谷，今谷不可得？若离劫初谷有今谷者，则应有生，而实不尔，是故不生。[5]

问曰：若不生者则应灭？

答曰：不灭。何以故？世间现见故，世间眼见劫初谷不灭。若灭今不应有谷，而实有谷，是故不灭。[6]

---

① 常断与生灭，是同一事的两方面。从概念内涵看，二者是等值的，先有今无，谓之灭；先无今有，谓之生；常者不灭，断者不生。故不生不灭义等于不常不断义。

② 尽管破斥了诸法有常断、生灭的见解，恐怕有的人仍会有一异来去的偏见。这叫以四门成诸法。其实，后四门——一异来去——仍然是同一基本哲学问题，即生灭问题的不同表述。

③ 因果若一则不由因有果，亦不由果有因。缘谓缘由义。又因果既然是同一的，那就没有相对于果的因了。所以说一则无缘。为什么异则无相续呢？如芽与谷种异，而芽续谷，则芽与树不同，芽也应该续树。因果若异，因时未有果，则有所续而无能续，实际上并没有相续意义。所以说，无论是一是异，均无法成就缘义和相续义。不含矛盾的缘生是不可以确定的，所以说不一不异。

④ 来出，亦即来去，故不来不出即不来不去。

⑤ 从“世间眼见”至“是故不生”这一大段。吉藏亦称“难明”——不易说透。他主张用直解的方法。他说：离劫初谷今谷不可得者，此是因劫初谷有今谷耳。故不离。即是因义。即知因劫初谷有今谷，则今谷有因，故今谷有生。则知劫初无因，故劫初不生。

⑥ 《中论》体现出的无穷破斥精神主要是抓住了概念思维自身的矛盾性和相对性，同时它有一个不需论证的大前提——凡包含有矛盾性的即不是自性，不是真正的有。由于彻底地在思维领域中贯彻这种不矛盾律，因而一切不能不矛盾的概念最终显现出虚假性。这样从逻辑上便可以推出：无生故无灭可对，无有故无无可对；生本不成，何所灭邪？

问曰：若不灭则应常？

答曰：不常。何以故？世间现见故。世间眼见万物不常，如谷芽时种则变坏，是故不常。[①]

问曰：若不常则应断？

答曰：不断。何以故？世间现见故。世间眼见万物不断，如从谷有芽。是故不断。若断不应相续。

问曰：若尔者，万物是一？

答曰：不一。何以故？世间现见故。世间眼见万物不一，如谷不作芽，芽不作谷。若谷作芽，芽作谷者，应是一，而实不尔，是故不一。[②]

问曰：若不一，则应异？

答曰：不异。何以故？世间现见故。世间眼见万物不异。若异者，何故分别谷芽、谷茎、谷叶，不说树芽、树茎、树叶？是故不异。

问曰：若不异，应有来？

---

① 我们看到，青目的释文是循着“生灭、常断、一异、来去”这四对八个矛盾的概念范畴进行的。这里的发问者似乎始终站在经验立场上提问，你说不生，他便问：既然不生，则应该有灭吧？你说不灭，他便问：既然不灭，该有常吧？问者的思路是直线的同一个层次的，而《中论》教导的是跃出相对关系制约的经验界，从无对无待的层次去体会实相。

② 谷与芽、泥与瓶本来有矛盾的一面，也有同一的一面。但《中论》在思想方法上是将二者分别地孤立地来看待的，因而无论从任一侧面均暴露了我们谓有因果关系的两事物的脆弱性，极而言之，无从成立因果联系。我们这样试看：谷若作芽，则芽时无谷；泥若作瓶，瓶时无复有泥。今现见芽时谷犹在，故知谷不作芽也；又，谷守谷性不复作芽，芽守芽性不转作谷，若不守性则无谷芽，以无性故则无法也；类似的论议方式还有好多，不一一引述。

答曰：无来。何以故？世间现见故。世间眼见万物不来，如谷子中芽无所从来。若来者，芽应从余处来。如鸟来栖树，而实不尔，是故不来。

问曰：若不来应有出？

答曰：不出。何以故？世间现见故。世间眼见万物不出。若有出，应见芽从谷出，如蛇从穴出。而实不尔，是故不出。①

问曰：汝虽释不生不灭义，我欲闻造斯论者所说。

答曰：

> 诸法不自生，亦不从他生。
> 不共不无因，是故知无生。②

不自生者，万物无有从自体生，必待众因。复次，若从自体生，则一法有二体：一谓生，二谓生者。③若离余因从自体生者，

---

① 来出的问题也就是事物有否运动的问题。《中论》当中专门有《观去来品》讨论运动。运动，可以称为“去”，去可以划分为“已去”“未去”“去时”（去时，指现在正在过去者）。按照《中论》采用的将所有对立面孤立出来一一讨论的方法，“已去”者当然没有运动，“未去”者也不存在运动，而“去时”又总是或“已去”，或“未去”的，所以“去时”也不存在。关于运动的讨论还有好多，这里受篇幅所限，不再引述。

② 这是《中论》谈因缘的第一偈，龙树在这里已经揭示了因缘的自身矛盾。一方面事物不能无因而生（它不能自生），但又不能依因缘而生（对生成者来说，生成之因便是“他”，依因而生即是“他生”），事物又不能部分自生、部分他生。这里“缘起”的传统意义已经被否定了。《中论》中其他的类似偈颂还有：“法不从自生，亦不从他生。不从自他生，云何而有生？”（21，12）“离色因有色，是色则无因。无因而有法，是事则不然。”（4，2）

③ 如果事物是自己生成的，那该事物是如何生成的呢？它自身难道能有生与使生两者吗？若没有，这所谓自生便是空洞的废话，若有两者，自生也便成了他生。

则无因无缘。又，生更有生，生生则无穷。自无故，他亦无。何以故？有自故有他。若不从自生，亦不从他生。共生则有二过，自生他生故。

若无因而有万物者，是则为常。是事不然。无因则无果，若无因有果者，布施持戒等应堕地狱，十恶五逆应当生天，以因无故。[①]

复次：

> 如诸法自性，不在于缘中。
> 以无自性故，他性亦复无。[②]

诸法自性不在众缘中，但众缘和合故得名字，自性即是自体，众缘中无自性，自性无故不自生。自性无故他性亦无。何以故？因自性他有性，他性于他亦是自性。若破自性即破他性。是故不应从他性生。若破自性、他性即破共义。

无因则有大过。有因尚可破，何况无因？于四句中[③]生不可

① 《中论》主旨在于说明经验的世俗见解的主观虚假性，显示胜义的绝对存在，它并没有取消因果的虚无主义倾向。取消了因果，也就取消了解脱论的依据，此即一证据。

② 如下说，自性＝自体=svabhāva（自我存在，自身存在）。此一偈颂目的在说明，凡自我依据、自我存在者必非缘生者。《中论》论主有一点未点明，存在、因缘等一切都有两层含义，一是它们独立于思维的如实相，一是依于语言分别的假名相。如果以假名的角度看待追求，永远是自相矛盾的、荒谬的。假名对于对象的关系，永远是一种譬喻。

③ 此“四句中”指前一偈颂：“诸法不自生，亦不从他生。不共不无因，是故知无生。”它断定：（1）事物不能自生；（2）事物不能由他生；（3）不能由自他两者生；（4）不能无因而生。

得。是故不生。

问曰：阿毗昙人言，诸法从四缘生，云何言不生？何谓四缘？①

因缘、次第缘、缘缘、增上缘，

> 四缘生诸法，更无第五缘。
> 一切所有缘，皆摄在四缘。②

以是四缘万物得生。因缘名一切有为法；次第缘除过去、现在阿罗汉最后心心数法，余过去、现在心心数法；③缘缘、增上缘一切法。

答曰：

> 果为从缘生，为从非缘生？
> 是缘为有果，是缘为无果？④

---

① 青目试代毗昙师质问，佛经中分明也说事物有自性故假缘得生。如《涅槃经》上有："有漏之法，以有生性故生能生；无漏之法，无有生性，故生不能生。"《佛大乘经》也说："有性假缘得生。"这指小乘方面的疑问。

② 六因四缘说是有部经典理论，是对世间一切生灭流转事物——有为法——的本质的说明依据。参见本书作者的《小乘佛学》。

③ 一切精神（心）和物质（色）现象得以产生的内在原因，称因缘，因缘通适于一切有生灭变化之有为法；次第缘即等无间缘，它仅仅通行于精神现象界，谓心之前念一灭，便为心之后念起引导作用。但若至阿罗汉境地，由于摆脱了生灭法则的制约，不再有心法生去。涅槃心无果可生，所以次第缘通行于入阿罗汉位之前的精神界。

④ 龙树于此正式展开对人们习以为常的因果关系的批判。自此偈以下一共三个颂均破因缘。龙树先确定一个标准：所谓缘，以能生果且实有作用；其次，他将因与果这

若谓有果，是果为从缘生，为从非缘生？若谓有缘，是缘为有果为无果？二俱不然。何以故？[1]

因是法生果，是法名为缘。
若是果未生，何不名非缘？

诸缘无决定。何以故？若果未生，是识不名为缘，但眼见从缘生果，故名之为缘。缘成由于果，以果后缘先故。若未有果，何得名为缘？如瓶以水土和合故有瓶生，见瓶缘知水土等是瓶缘。若瓶未生时，何以不名水土等为非缘。是故果不从缘生，缘尚不生，何况非缘。

复次：

果先于缘中，有无俱不可。
先无为谁缘？先有何用缘？

缘中非有果非无果。若先有果不名为缘，果先有故；若先无果亦不名为缘，不生余物故。

问曰：已总破一切因缘，今欲闻一一破诸缘。

答曰：

一对依黑格尔哲学看来矛盾而又统一的东西截然对立起来，以纯粹的形式逻辑的不矛盾律去衡量因与果二者，自然否定了由因而果的转化可能；同时，从有到无、从无到有的存在与非存在的变化，亦即生灭都可以借此方法予以否定。龙树这么做是可以理解的，他要通过破斥来反衬那非经验界的无生灭的绝对界——涅槃。

若果非有生，亦复非无生。

亦非有无生，何得言有缘？[1]

若缘能生果，应有三种，若有、若无、若有无。如先偈中说，缘中若先有果不应言生，以先有故；若先无果不应言生，以先无故，亦应与非缘同故。有无亦不生者，有无名半有半无，二俱有过。又有与无相违，无与有相违，何得一法有二相？[2]如是三种求果生相不可得故，云何有因缘？次第缘者：

果若未生时，则不应有灭。

灭法何能缘？故无次第缘。[3]

诸心心数法，于三世中次第生。现在心心数法灭，与未来心作次第缘，未来法未生，与谁作次第缘？若未来法已有即是生，何用次第缘？现在心心数法无有住时，若不住，何能为次第缘？

---

① 这一颂承接上颂而作发挥。从果在因中间既不能有，也不能无，也不能又有又无；进而说，既然不存在从无到有的过渡，又不存在此过渡的否定。即是说，既不能否定存在，又不能否定非存在，又不能否定存在和非存在二者，那当然就没有使存在为存在或使不存在为不存在的任何作用。进而龙树宣称，不仅因缘，所有以往以为制约色心现象的一切条件性都是不存在的。

② 这里青目采用的仍是龙树习惯使用的纯形式逻辑的方法。有若不存，生若不能，则从观念上依存它们的非有与不生同样不可以成立。

③ 《中论》论主先在前面取消了果由无到有的说法，即先肯定了果无生；然后将此观念借移到论心理现象生起的次第缘方面来。若无果生，则无后一刹那心法生起的问题，倒推回去，前一刹那之所缘，也就无力用可言。至此心心所法的前后相继关系便给取消了。

若有住则非有为法。何以故？一切有为法常有灭相故。若灭已则不能与作次第缘。若言灭法犹有则是常，若常则无罪福等。

若谓灭时能与作次第缘，灭时半灭半未灭，更无第三法名为灭时。又佛说，一切有为法念念灭，无一念时住。云何言现在法有欲灭、未欲灭？汝谓一念中无是欲灭、未欲灭，则破自法。汝阿毗昙说有灭法、有不灭法，有欲灭法、有不欲灭法。欲灭法者，现在法将欲灭。未欲灭法者，除现在将欲灭法，余现在法及过去、未来无为法，是名不欲灭法。是故无次第缘者。

如诸佛所说，真实微妙法。
于此无缘法，云何有缘缘？①

佛说大乘诸法，若有色无色、有形无形、有漏无漏、有为无为等诸法相入于法性，一切皆空无相无缘，譬如众流入海同为一味。实法可信随宜所说，不可为实。是故无缘缘、增上缘者。②

---

① 缘缘，指作为认知、追求对象的条件性。佛教认为心智先天地便有缘求对象的倾向。所谓“心有攀缘即是病本”（《净名经》）。按三论师吉藏的解说，“缘缘”有五解：（1）心是能缘，境是所缘，心境合说，故名缘缘。（2）心是能缘，复缘前境，故心名缘缘。（3）前境是缘，能生心缘，缘能生缘，故名缘缘。（4）缘缘者，心缘之缘，即果也。（5）生心之缘，又是四缘之一缘。此外，必须注意龙树在这里的论议方式是跳跃性的。他对“缘缘”的否定并未采用关于因果对立割裂的方法，而是从非逻辑的前提出发，先摆出一个自己所断定的前提：诸佛世尊所说的法是超经验界的、离言绝相的。所以不可能是经验界的对象之缘。如吉藏说，真实微妙法者绝于智境，以绝境故，无境可缘。

② 青目此处释文再次明确大乘学说可以就经验与超越经验两层面来看，前者为权宜所说，后者为如实性空，为第一义。依后者，自然无缘缘、增上缘等。

诸法无自性[1]，故无有有相。

说有是事故，是事有不然。

经说十二因缘，是事有故是事有。此则不然。何以故？诸法从众缘生故自无定性，自无定性故无有相，有相无故，何得言是事有故是事有？是故无增上缘，佛随凡夫分别有无故说。

复次：

略广因缘中，求果不可得。

因缘中若无，云何从缘出？

略者，于和合缘中无果。广者，于一一缘中亦无果，若略广因缘中无果，云何言果从因缘出？

复次：

若谓缘无果，而从缘中出。

是果何不从，非缘中而出？

---

① 据梵本，此“无自性”为nihsvabhāva，仍为“并非自我存有”的意思，不是别有什么性质。因此，释文中青目说得透彻，“诸法从众缘生故自无定性”。此一偈颂连同青目释，意在破增上缘等，但涉及了大乘与小乘的根本性差别。小乘或原始佛教力图以因缘说或组合说（和合缘）来证明经验对象的虚假性，但暗含了肯定因缘或整体之组合部分的真实的意思；大乘则正好抓住了因缘与和合的有限性、相待性，认为它恰好说明了无自性不是真正意义的存有（satta），所以是空（śūnyata）。

若因缘中求果不可得，何故不从非缘中出？如泥中无瓶，何故不从乳中出？

复次：

若果从缘生，是缘无自性。
从无自性生，何得从缘生？①
果不从缘生，不从非缘生。
以果无有故，缘非缘亦无。②

① （因）缘与果相待而立，相比较而存在于观念中。说缘生即已无自性。此缘不过是因为说有果相对于他，果如何能生自一个本来依存于果自身才获概念意义的东西呢？

② 此偈紧接上一偈颂。若果不能从缘生，也不能从非缘生，因为“缘”在概念上内在地包含了“非缘”。任何概念若离开其否定的对立面，便无从成立。从概念包含着其否定性对立面的思想出发，类似的论议法可以得到直解。这一方式可以简化为下列形式：

由于A并非B，
又B本质上包含非B，
故而A并非非B，
所以A即是B。

这里，否定借概念的内在矛盾性而达到了肯定。当然，这里的肯定并非简单的、同一平列层次的肯定，而是如黑格尔辩证逻辑所强调的上升了的、扬弃了的否定之否定。按照我们的理解，它所肯定的东西，就《中论》而言，不再是经验界的，而是绝对界的存在。事实上，所谓“如如”“如实相”“法性”“涅槃”“圆成实”等绝对者，无论大乘中观或瑜伽行派都承认是寂静不动的、无生的。经验世界的虚幻性起于中观派所谓的假名分别（prajñāpti），若瑜伽行派则称为遍计所执自性（parikalpita svabhāva）的结果。如何摆脱这种执迷及执迷造成的不自由境地呢？中观派积极地揭示经验界及其根源的观念假名的虚妄；瑜伽行派则更进一层地反求自我，从主体方面说明经验虚妄的根源就在不断活动的藏识。如何舍妄归真呢？中观派循般若经路子，提出般若智超越经验的观照，不坏假名说诸法实相，知一切法无实无相，从而契入绝对。瑜伽行派也在认识上下功夫，不过是转识成智的一路。

果从众缘生，是缘无自性，若无自性则无法，无法何能生？是故果不从缘生，不从非缘生者。破缘故说非缘，实无非在缘法，是故不从非缘生。若不从二生，是则无果，无果故，缘非缘亦无。

《观有无品》第十五[①]

问曰：诸法各有性，以有力用故。如瓶有瓶性，布有布性，是性众缘合时则出？

答曰：

众缘中有性，是事则不然。
性从众缘出，即名为作法。[②]

若诸法有性，不应从众缘出。何以故？若从众缘出，即是作法无有定性。

问曰：若诸法性从众缘作有何咎？

答曰：

性若是作者，云何有此义？
性名为无作，不待异法成。[③]

---

① 《观有无品》实际是以自性（svabhàva）之有无来分析存在和非存在二者。

② 此颂之前半偈中“有性”，指定性、自性，即svabhāva；而后半偈中之性实指“无生之性”“缘生即性”的“性”。仔细分辨，两性实有不同。

③ 此品中上来两颂所宣称的是“自性”与“缘生”，与“造作”对立。若物有自性，则是绝对的存有，远离一切相待性，绝非造作而生。

如金杂铜则非真金，如是若有性则不需众缘。若从众缘出，当知无真性。又性若决定，不应待他出。非如长短，彼此无定性，故待他而有。

问曰：诸法若无自性，应有他性？

答曰：

法若无自性，云何有他性？
自性于他性，亦名为他性。①

诸法性众缘作故，亦因待成故无自性。若尔者，他性于他于是自性，亦从众缘生相待故，亦无无故。云何言诸法从他性生？他性亦是自性故。

问曰：若离自性他性有诸法，有何咎？

答曰：

离自性他性，何得更有法？
若有自他性，诸法则得成。②

---

① 众缘所出的事物若无自性，自然也就无他性。因为若相对于别的事物，自性也就是他性。

② 仅从形式上看，此颂是说一切事物皆不能没有自性与他性。若没有自性与他性，哪里会有诸法存在呢？这与前两颂似乎是矛盾的。前面说若缘生则无性；这里说若无性，便无法得成。换言之，前说有性则无缘起，此说无性亦无缘起。如何化解这种正相反对的矛盾呢？还是注意《中论》固有的论议特征。有性不能孤立地离开无性而存在，有性若无缘生，无性同样亦无缘生。若对照下一颂，此层含义便可了然。

汝说离自性、他性有法者，是事不然。若离自性、他性则无有法。何以故？有自性、他性法则成。如瓶体是自性，依物是他性。

问曰：若以自性、他性破有者，今应有无？

答曰：

有若不成者，无云何可成？

因有有法故，有坏名为无。[①]

若汝已受有不成者，亦应受无亦无。何以故？有法坏败故名无。是无因有坏而有。

复次：

若人见有无、见自性他性，

如是则不见，佛法真实义。[②]

---

① 此颂暂时抛开了自性、他性与缘生的关系不谈。先来讲有与无，即存在与非存在的对立统一关系。一事物由某一状态转向另一状态时，总是失去了什么，又获得了别的什么。从一角度看是有化为无，从另一角度讲，又是无化为有。因此有与无对立，又包含着对方。否定一方，难免连带否定另一方，所以说“有若不成，无何可成？”

② 此颂是在澄清了存在与非存在的相互对待、相互包含的关系之后，回过头来分析一般世俗见解的毛病。一般钝根而深具着心的人所以见有无，见自见他；不是执有，便是迷空；去了空执，复堕断灭；如是种种邪妄，都根源于不能超越经验界之相待关系。佛教大乘的般若智能所能显示的是有无、断常、生灭之后和之上的如实境界。如果硬要分主客，则主观言，智者不仅无相，而且无无相；就客观言，则实相无相。僧肇在《般若无知论》中这么说此超越境界：“经云：真般若者，清净如虚空，无知无见，无作无缘。斯则知自无知矣，岂待返照而后无知哉？若有知性空而称净者，则不辨于惑智，三毒四倒皆亦清净，有何独尊净于般若？……圣人无无相也。何者？若以无相为无相，无相即为相。含有而之无，譬犹逃峰而赴壑，俱不免于患矣。是以至人处有而不有，居无而不无。”此境界也即是接着下一偈颂中所言之“离有亦离无”来讲的。

若人深着诸法，必求有见。若破自性则见他性。若破他性则见有。若破有则见无。若破无则迷惑。若利根着心薄者，知灭诸见安稳故，更不生四种戏论。是人则见佛法真实义，故说上偈。

复次：

> 佛能灭有无，如化迦旃延。
> 经中之所说，离有亦离无。

《删陀迦旃经》中，佛为说正见义离有离无。若诸法中少决定有者，佛不应破有无。若破有则人谓为无。佛通达诸法相故，说二俱无。是故，汝应舍有无见。

复次：

> 若法实有性，后者不应异。
> 性若有异相，是事终不然。[①]

若诸法决定有性，终不应变异。何以故？若定有自性，不应有异相，如上真金喻。今现见诸法有异相故，当知无有定相。

复次：

---

① 事物若有自性，则不应变异（变化）；性若有变化，性的本来含义便给否定了。《观因缘品》中论述性与缘起（缘生）的对立，这里论述自性与存在的关系，从根本上说，存在与变化的矛盾便是存在之自性是否允许有差异包含其中的问题。

若法实有性，云何而可异？
若法实无性，云何而可异？[①]

若法定有性，云何可变异，若无性则无自体，云何可变异。

复次：

定有则着常，定无则着断。
是故有智者，不应着有无。[②]

若法定有有相，终无无相，是即为常。何以故？如说三世者，未来中有法相，是法来至现在，转入过去，不舍本相，是则为常。又说因中先有果，是亦为常，若说定有“无”，是“无”必先有今无，是则为断灭。断灭名无相续因。由是二见即远离佛法。

问曰：何故因有生常见，因无生断见？

答曰：

若法有定性，非无则是常，
先有而今无，是则为断灭。[③]

---

① 此偈的论法及逻辑依据参见本品第四偈之注释。论主于此想说的是：由于世间现见有变异，所以诸法既非有性，也非无性。

② 是否允许存在（有）包含差异，涉及了是否允许变化的态度，也回到了事物是常是断的见解上。如果坚持法性定有则落入常见，若性定无则又堕入断见。

③ 承认变异的观点不是常见便入断见。断常二者均与佛教的见修证断是矛盾的。取消了变异，也便取消了解脱论的依据。

若法性定有，则是有相非无相。终不应无。若无则非有，即为无法，先已说过故。如是则堕常见。若法先有，败坏而无者，是名断灭，何以故？有不应无故。汝谓有无各有定相故，若有断常见者，则无罪福等破世间事。是故应舍。[1]

《观法品》第十八

问曰：若诸法尽毕竟空无生无灭，是名诸法实相者，云何入？[2]

答曰：灭我我所着故，得一切法空无我慧，名为入。[3]

问曰：云何知诸法无我？

答曰：

---

① 《中论》的存在论（有无观）与因果论（因缘或缘生说）在根本上是统一的。说缘生而无自性，是因为性若真有，则在因果中造成矛盾；（果先于缘中，有无俱不可，先无为谁缘？先有何用缘？）但真无自性便有缘生吗？非也！（若果从缘生，是缘无自性。从无自性生，何得以缘生？）若无自性，则无法，无法何能生？再从存在论的角度看，否定事物存在，也就是否认自性有。若真无自性，便无任何事物，无因、无果，无缘，何缘生之有？所以《有无品》中说："离自性他性，何得更有法？若有自他性，诸法则得成。"然而真有自性便有缘生，便有法存在吗？非也！若诸法有性，不应从众缘出，若从众缘而生，即是作法，何言定性？（众缘中有性，是事则不然。性从众缘出，即名为作法。）说有缘生无缘生，有自性无自性都是矛盾，都违背逻辑。出路在哪里呢？只有双遣有无，不着任何一端，这就回到了"不生亦不灭，不常亦不断。不一亦不异，不来亦不出"这个开宗明义的《中论》首颂。

② 《中论》此品系承接第十七品《观业品》，上一品的结论是"诸业皆空无性，如幻如梦如炎如响"。其中心依据仍是不生、无定性等。此品上来就问，诸法诚如所言，是空是无生无灭，那如何悟入此实相呢？此处的"入"，是"证"和"悟"的意义。

③ 如何是"悟入"？指得一切诸法空无自性的智慧，而这首先应破斥对我与我所的执着。此"我"指主体之我，此"我所"指相对于"我"之外部世界，故"我我所"亦即"我法"。破除我法二者，才能领悟诸法毕竟空。

若我是五阴，我即为生灭。
若我异五阴，则非五阴相。[①]
若无有我者，何得有我所?
灭我我所故，名得无我智。

（此偈之前一半是从对立的相辅相成关系来破法执，若我有不能成立，相对于我的一切可成为对象的法又何尝能成立呢？）

得无我智者，是则名实观。
得无我智者，是人为稀有。
内外我我所，尽灭无有故。
诸受即为灭，受灭则身灭。
业烦恼灭故，名之为解脱。
业烦恼非实，入空戏论灭。[②]
诸佛或说我，或说于无我。

① 平时所执的我，无论与五阴所成之身是一是异都不可能是实体。如果是同一的，那么五阴既生灭，我也就不可能有独立自在性；如果是相异的，那么离开五阴的我是什么呢？如虚空？虚空种种求相不可得（《中论》第五品《破六种相》首破虚空），或者说此我有何征象和凭据可以间接了知？下面青目细说的所有知识方式均无从揭示此自我。

② 从上面第二偈颂的后一半至此偈的前一半，是灭我执和法执的功德——由去执而解脱。此偈的后一半“业烦恼非实，入空戏论灭”包含两层含义。第一，世间一切烦恼，乃至一切有关我我所的见解，均属戏论，是假言施设的产物。一旦证悟诸法原来空寂，一切戏论便消散消灭。第二，业烦恼并非实有其体，从根本上来说是概念执着所生，是概念思维的结果，一旦改变观念，业烦恼便自然冰解。

诸法实相中，无我无非我。①
诸法实相者，心行言语断。
无生亦无灭，寂灭如涅槃。
一切实非实，亦实亦非实。
非实非非实，是名诸佛法。②
自知不随他，寂灭无戏论。
无异无分别，是则名实相。③
若法从缘生，不即不异因。
是故名实相，不断亦不常。
不一亦不异，不常亦不断。
是名诸世尊，教化甘露味。
若佛不出世，佛法已灭尽。
诸辟支佛智，从于远离生。④

有人说神应有二种：若五阴即是神，若离五阴有神。若五阴

① 此偈前一半说有我也罢，无我也罢，如果佛曾分别说过，那是针对不同根器不同执见，随机进行的教化。其实诸法实相中既无我也无无我。

② 此颂及上一颂都说的是涅槃实相和诸佛法实相。涅槃之绝对境界与世间万法之本体是相通的。所谓“心行与语言断”，即心行处（思维之境）灭，语言道断（不可言说）。至于诸佛法，既是关于绝对真实的说明，就必须杜绝与经验语言的关系，万不得已而说，只能从否定面一一遮遣。此处三种说法，为上、中、下根人说。

③ 此偈说实相即为：自信其心，不随他教。如实观涅槃世间如一，不作分别戏论。

④ 此偈连同前两偈均说远离分别戏论的重要性。只要如实观缘生诸法与因不一不异，不常不断，原来寂灭。不生虚妄分别智，哪怕离佛世尊及所说法，也可以证得辟支佛果。按传统说法，此处十二偈颂，前五偈明声闻禀教得益，次六偈说菩萨禀教得益，末一偈为缘觉得益。

是神者则生灭相。如偈中说，若神是五阴即是生灭相。何以故？生已坏败故，以生来相故，五阴是无常。如五阴无常，生灭二法亦是无常。何以故？生灭亦生已坏败，故无常。神若是五阴，五阴无常故，神亦应无常生灭相。但是事不然。

若离五阴有神，神即无五阴相。如偈中说，若神异五阴，则非五阴相，则离五阴更无有法。若离五阴有法者，以何相何法而有？若谓神如虚空，离五阴而有者，是亦不然。何以故？破六种品中已破虚空，无有法名为虚空。

若谓以有信故有神，是事不然。何以故？信有四种[①]：一现事可信。二名比知可信，如见烟知有火。三名譬喻可信，如国无石喻之如金。四名贤圣所说故可信，如说有地狱、有天、有郁单曰[②]，无有见者，信圣人语故知。

是神于一切信中不可得，现事中亦无，比知中亦无。何以故？比知，名先见故后比类而知，如人先见有火有烟，后但见烟则知有火。神义不然，谁能先见神与五阴合，后见五阴知有神？

若谓有三种比知：一者如本，二者如残，三者共见。如本，名先见火有烟，今见烟知如本有火；如残，名如炊饭一粒熟，知余者皆熟；共见，名如眼见人从此去到彼，亦见其去，日亦如是，

---

① 有四种凭据可征：（1）眼前的经验事物。（2）间接的推理。（3）间接的譬喻说明。（4）古圣先贤的话语。

以下释文便分别从这四方面破斥人我之神——离五阴没有神，即五阴也没有神。

② 指四大部洲之一，梵文Uttara-kuru音译郁单越或郁单曰，亦称北俱卢洲，是四洲中最好的地方，故称胜处。

从东方出至西方。虽不见去，以人有去相故，知日亦有去。[1]

如是苦乐、憎爱、觉知等，亦应有所依，如见人民知必依王。[2]是事皆不然。何以故？共相信先见人与去法合而至余方，后见日到余方故知有去法。无有先见五阴与神合后见五阴知有神。是故共相比知中亦无神。圣人所说中亦无神。何以故？圣人所说皆先眼见而后说。又诸圣人说余事可信故，当知说地狱等亦可信。而神不尔，无有先见神而后说者。是故于四信等诸信中，求神不可得，求神不可得故无。是故，离五阴无别神。

复次，《破根品》中，见见者可见破故，神亦同破。[3]又眼见粗法尚不可得，何况虚妄、忆想等而有神。是故，知无我。因有我故有我所，若无我则无我所。修习八圣道分，必我我所因缘，故得无我无我所决定智慧。[4]

自此往下长行，分说除掉我我所二执。证第一义实相者可以得到的有余、无余两种涅槃。

又无我无我所者，于第一义中亦不可得。无我无我所者，能真见诸法，凡夫人以我我所障慧眼故，不能见实。今世人无我我所故，诸烦恼亦灭。诸烦恼灭故，能见诸法实相。内外我我所灭

---

① 此处三种比知（推理），可以理解为据前知后（如本）、据后断前（如残）、模拟归纳（共见）。

② 这是说，感觉思维应有主体，若无神我，谁来领有苦乐、憎爱、觉知？这一论据极类似数论师证明神我存在的方式——自性流出五根、五大等，一切是为了自我（神我）的享用。紧接着的论释便证明所谓共相比量正好揭示五阴无神我。

③ 由破除五种感觉活动的主体，即说并没有“见见者”，顺带着也否定了神我。

④ 修习八种圣道，亦即整个佛教徒的见修证断过程，都要凭借正观我我所，除迷拆障，最终才能达到灭我我所执，得一切法空无我慧。

故，诸受亦灭。诸受灭故，无量后身皆亦灭，是名说无余涅槃。

问曰：有余涅槃云何？

答曰：诸烦恼及业灭故，名心得解脱，是诸烦恼业，皆从忆想分别，生无有实。诸忆想分别皆从戏论生，得诸法实相毕竟空，诸戏论则灭。是名说有余涅槃。[①]实相法如是。诸佛以一切智观众生故，种种为说，亦有我，亦说无我。若心未熟者，未有涅槃分，不知畏罪，为是等故说有我。

又有得道者，知诸法空，但假名有我。为是等故说我无咎。又有布施、持戒等福德，厌离生死苦恼，畏涅槃永灭，是故佛为是等说无我。诸法但因缘和合，生时空生，灭时空灭，是故说无我，但假名说有我。又得道者知无我不堕断灭故，说无我无咎。是故偈中说，诸佛说有我，亦说于无我，若于真实中，不说我非我。[②]

问曰：若无我是实，但以世俗故说有我，有何咎？

答曰：因破我法有无我，我决定不可得，何有无我？若决定有无我，则是断灭生于贪者。如般若中说，菩萨有我亦非行，无我亦非行。

问曰：若不说我非我、空不空，佛法为何所说？

答曰：佛说诸法实相，实相中无语言道，灭诸心行。心以取相缘生，以先世业果报故有。不能实见诸法，是故说心行灭。

---

① 由无忆说分别，无诸戏论，烦恼业因已断，但宿世业果未尽，即此果报之身尚存，称有余涅槃。换言之，指虽证实相而仍然活着的状态。

② 从破五阴与神是一是异至此一大段已经显示《观法品》的大意。要言之，以破除我法两执，显示诸法实相毕竟空，由悟入空而得无分别慧，从而享涅槃功德。因而这一品与其说是破法，不如说旨在显中观的宗教目的，显示从实观到解脱的可能性。

问曰：若诸凡夫心不能见实，圣人心应能见实，何故说一切心行灭？

答曰：诸法实相即是涅槃。涅槃名灭，是灭为向涅槃故亦名为灭。若心是实，何用空等解脱门？诸禅定中何故以灭尽定①为第一？又亦终归无余涅槃②。是故当知，一切心行皆是虚妄，虚妄故应灭。诸法实相者，出诸心数法，无生无灭，寂灭相如涅槃。

问曰：经中说，诸法先来寂灭相即是涅槃。何以言如涅槃？

答曰：着法者分别法有二种：是世间，是涅槃，说涅槃是寂灭，不说世间是寂灭。此论中说一切法性空寂灭相，为着法者不解，故以涅槃为喻，如汝说涅槃相空无相寂灭无戏论。一切世间法亦如是。③

问曰：若佛不说我非我，诸心行灭，语言道断者，云何令人知诸法实相？

答曰：诸佛无量方便力，诸法无决定相，为度众生或说一切实，或说一切不实，或说一切实不实，或说一切非实非不实。④

一切实者，推求诸法实性，皆入第一义平等一相。所谓无相，

---

① 灭尽定，八种禅定（又名八背舍）之最高者，其功用在灭受想二者，至此烦恼不生。

② 参见前一注。无余涅槃与有余涅槃相对。指既证诸法实相，除生死大惑，而且五阴之身已尽的状态。

③ 涅槃世间本无二致，一切诸法本性空寂。说诸法寂灭相如同涅槃也是一种譬喻。因为就实际言，诸法实相也不可言说。

④ 这是承上所问而答。问：如果佛世尊不说法，如果实相界心行处灭，语言道断，人凭据什么去把握它呢？答：世尊为化众生，不妨针对不同对象，采用不同方法加以教导，此谓权宜，亦即方便。

如诸流异色异味，入于大海则一色一味。[①]

一切不实者，诸法未入实相时，各各分别观，皆无有实，但众缘合故有。[②]

一切实不实者，众生有三品，有上、中、下。上者观诸法相非实非不实；中者观诸法相一切实一切不实；下者智力浅故，观诸法相少实少不实；观涅槃无为法不坏故实；观生死有为法虚伪故不实。非实非不实者，为破实不实故，说非实非不实。[③]

问曰：佛于余处，说离非有非无，此中何以言非有非无是佛所说？

答曰：余处为破四种贪著故说，而此中于四句无戏论。闻佛说则得，是故言非实非不实。

问曰：知佛以是四句因缘说[④]。又得诸法实相者以何相可知？又实相云何？

---

① 大乘中观所欲肯定的绝对者、大全者在此显露出来。按般若经一贯的思路，只有经验界的事物才是千差万别的。所谓差别性，即是幻化性，幻化的根源则是分别戏论。因而克服有限的经验界，复归于实性实相的真际界时，便是差别性的消失，与大全的绝对圆融一体。这也是奥义书的思想。这种无差别无分齐的无相平等相，有如大海纳百川，取消了百川原来的异色异味。

② 说一切不实，是在经验界显示其缘生假有的本质。除非超越经验界，存在总是各有异相的、各各分别的。按三论宗的说法，这属于世俗谛，属于“三是偈”的“亦为是假名”一句（《中论·观四谛品》第二十四有：“众因缘生法，我说即是空，亦为是假名，亦是中道义”一颂）。

③ 这里显示了三个不同层次的空观。上品者真正把握了寂灭相，真正无异无分别，所以在他的眼中，诸法真际无实无不实。他完全同一于超越境界了。中品者尚能观证涅槃界之常乐我净，又能正观生死界的虚伪不实，但他毕竟没有打通涅槃与世间的分隔。至于下品者，对涅槃界与生死界，都未达到彻底而完全的对真假虚实的了解。

④ 即或说一切诸法为实，或说非实，或说实亦非实，或说非实非不实。

答曰：若能不随他。不随他者，若外道虽现神力，说是道非道，自信其心而不随之。乃至变身虽不知非佛，善解实相故，心不可回。此中无法可取可舍故，名寂灭相。寂灭相故，不为戏论所戏论。戏论有二种：一者爱论，二者见论。是中无此二戏论。二戏论无故，无忆想分别。无别异相，是名实相。

问曰：若诸法尽空，将不随断灭耶？又不生不灭或随常耶？

答曰：不然。先说实相无戏论，心相寂灭语言道断。汝今贪著取相，于实相法中见断常过。得实相者，说诸法从众缘生，不即是因亦不异因。是故不断不常。若果异因则是断；若不异因则是常。[①]

问曰：若如是解有何等利？

答曰：若行道者，能通达如是义，则于一切法不一不异不断不常，若能如是，即得灭诸烦恼戏论，得常乐涅槃。是故说诸佛以甘露味教化。如世间言得天甘露浆，则无老病死，无诸衰恼。此实相法是真甘露味。

佛说实相有三种。若得诸法实相，灭诸烦恼，名为声闻法。若生大悲发无上心，名为大乘。[②]若佛不出世无有佛法时。辟支佛因远离生智。若佛度众生已，入无余涅槃，遗法灭尽，先世若有应得

---

① 此一段初看似很费解，其实道理在《观因缘品》中已反复说过。龙树的“缘起”，依我们的理解，包含了相互依存、共存、部分与全体、主体与客体等的关系。在经验语言的框架内，这种关系虽然可能按生灭、一异、常断、来去来理解。但应该记住，龙树强调的是无生灭的缘起。这种缘起发生在非实体之间。换言之，龙树的缘起关系是权宜地假设于幻影之间的，这个幻影便是戏论，是假名分别。这样来看，当然没有真正的因果，没有作与作者等分别，也只有这样的态度才能契实相而不舍断常。

② 即大乘菩萨法。

道者，少观厌离因缘，独入山林，远离愦闹得道，名辟支佛。[1]

《涅槃品》第二十五[2]

---

① 亦称独觉、缘觉，与菩萨、声闻合称三乘。指不依赖佛的教说，自观十二因缘之法即能觉悟者。

② 涅槃，这是所有佛教徒的理想归趣。涅槃，本义为"熄灭"，即烦恼之火的消灭。按照传统说法，涅槃有三德，谓法身、般若、解脱。无感不应名为法身，无境不照称之般若，无累不尽谓之解脱。但这样的涅槃已是在说大乘法。小乘佛教所能达到的只是捐形弃智的涅槃。涅槃本来是离言绝相的，任何界定都只是譬喻而已。但这譬喻却同小乘或大乘的形而上学结合在一起。就大乘中观而言，涅槃便同它主张的总体而大全之绝对是等同的。这一绝对也就是空、相待性。依据《中论·四谛品》的三是偈空假中三者一如，空即是假。空有不二即是中，所以涅槃即是世间，二者无毫厘差别。这在《观四谛品》中表述为："若不依俗谛，不得第一义。不得第一义，则不得涅槃。"但就《中论·涅槃品》而言，最终将涅槃等同世间，将绝对超越者与经验界融为细微无间、浑然一体的无分别状态，则是在议论的末了。就龙树而言，这样做当然是考虑到宗教实践论的需要。佛教，尤其大乘佛教并不是逃世，不是要出离世间，而是主张积极关心世间，关心一切有情。这是大彻大悟之后返身回观世间而有的新体验。佛教所言的涅槃与世间无二无别，是在超越现实并将现实摄于无所不包的精神境界下的反观，是无限高扬的宇宙整体精神向世俗经验界的流注。这是传统东方宗教殊途同归的聚合点。儒家所谓"极高明而道中庸"，道家所谓"独与天地精神往来"，不傲万物，不遣是非，混同世俗，也包含有这种意味。《涅槃品》一共有24颂。大意如下：

第一颂便依据佛教的存在论来寻求与涅槃的统一性。它反对说一切法空，若以为法空则没有了涅槃。

第二颂随即说若法不空，亦无涅槃，因而法空、法不空均不如理。

第三颂说涅槃相。对这样的绝对界，当然只能从反面说它不是什么而已。

第四颂说涅槃不名有（bhava，存在），如果是有，免不了有老、死、坏、灭。

第五颂说涅槃不名有的另一依据。如果涅槃为有，便是有为法，便有生住异诸变相。

第六颂仍说涅槃何以不名为有的理由，有则有受，受（upadana），又名取或取着，有取着还有什么涅槃呢？

第七颂（前面几颂说涅槃非有之后），说涅槃非无。为什么不是无呢？道理极简单，有与无在逻辑上相互依赖，若非有，也就非无。

问曰：

若一切法空，无生无灭者。

何断何所灭，而称为涅槃？①

第八颂仍接着说涅槃非无的理由，若涅槃是无，何以还要说受呢？（所以涅槃非有不如理，非无也不如理）。

第九颂重说涅槃相，在于它同五阴的关系。如依于五阴则在生死轮回；若离五阴，则离生死入涅槃。这是随俗而说。

第十颂再说涅槃相，依经而言，涅槃不是非有或有，也不是非无或无。

第十一颂从世俗见解看，前说非有非无是涅槃，就可能会有人误执合有无二者便是涅槃了，其实并非如此。

第十二颂接着说明合有无二者仍非涅槃，因为佛经上肯定了涅槃是无受，而有无二者均从受而生（涅槃无取着，说、有说无均不离取着相）。

第十三颂接着仍说合有无并非涅槃，因为有或无二者均属有为，而涅槃属无为法。

第十四颂接着再从逻辑上说，有无二者不能合，犹如明暗合不到一处一样。

第十五颂回过来讲第十颂之“是故知涅槃，非有亦非无”，驳斥如何分别此非有非无的反诘。

第十六颂指出不可从经验层次提分别非有非无为涅槃，因为非有非无是相对于有无之合而存在的，前破有无之合为涅槃之执着，已经顺带破了非有非无为涅槃。此颂暗示，对涅槃只能作超语言结构的、超概念形式的体味。

第十七、十八颂继前更进一层所说“涅槃非非有非非无”的论断后，宣称求涅槃相不可得。说明涅槃的不可言说描述性。

第十九、二十颂回到一切法不生不灭原来寂静的论据上，宣称涅槃与世间无有分别。

第二十一颂进而以无分别说涅槃世间不可能涉及时空有限无限的问题，如来灭后存在与否的问题。此三种见解违背了涅槃与世间的实相。

第二十二、二十三颂由一切法空无自性，再次以遮遣法说涅槃相离常与非常，离一离异，离有边无边……

第二十四颂最后可以视为总结，它指出涅槃是根本排斥概念思维的，是排斥一切知性认知的先天形式的，亦即无主客、无时空框架的，故说“诸法不可得，灭一切戏论。无人亦无处，佛亦无所说。”

① 此颂意谓：若一切法本性空，便不应有生灭；若无生灭，便无断惑、除烦恼、灭苦证道一应诸事，那么，哪里还有实现涅槃的事呢？

若一切法空，则无生无灭。无生无灭者，何所断、何所灭而名为涅槃？是故一切法不应空，以诸法不空故，断诸烦恼、灭五阴名为涅槃。

答曰：

若诸法不空，则无生无灭。
何断何所灭，而称为涅槃？①

若一切世间不空，则无生无灭，何所断、何所灭而名为涅槃，是故有无二门则非至涅槃，所名涅槃者。

无得亦无至，不断亦不常。
不生亦不灭，是说名涅槃。②

无得者，于行于果无所得。无至者，无处可至。无断者，五阴先来毕竟空故，得道入无余涅槃时亦无所断。不常者，若有法可得分别者，则名为常。涅槃寂灭无法可分别故，不名为常。生灭亦尔。如是相者名为涅槃。复次，经说涅槃非有、非无、非有无、非非有非非无。一切法不受内，寂灭名为涅槃。何以故？

① 此颂意谓：若一切法不空，实有体性，则无缘生。一切为常，何生何断？所以仍然无达涅槃的可能。

② 此颂意谓：涅槃若有，则心行处（心所行之境）灭，语言道断，故不能有所得，亦不能有所至处；五蕴之身本来空寂，便不存在入涅槃时或断或灭的问题；若法本性空，哪里有生灭可言？

涅槃不名有，有则老死相。
终无有有法，离于老死相。[①]

眼见一切万物皆生灭故，是老死相。涅槃若是有，应有老死相。但是事不然，是故涅槃不名有。又，不见离生灭、老死，别有定法，而名涅槃。若涅槃是有，即应有生灭、老死相。以离老死相故，名为涅槃。

复次：

若涅槃是有，涅槃即有为。
终无有一法，而是无为者。[②]

涅槃非是有。何以故？一切万物从众缘生，皆是有为。无有一法名为无为者。虽常法假名无为，以理推之，无常法尚无有，何况常法不可见不可得者？

复次：

若涅槃是有，云何名无受？

① 有为法与无为法相对。凡造作生起之事物，其特征便有生、住、异、灭四相，老死指衰败消灭相，若将住异两相合并，亦称有为三相。（参见《俱舍论》卷5：“于诸法能起名生，能安名住，能衰名异，能坏名灭。”）

此颂大意说涅槃不可执为有（经验意义的存在），因为一切存在无不具有变异性。

② 此颂大意说，涅槃不可能是缘生的有为法。作为无为法，涅槃与缘生，与变异是不相容的。

无有不从受，而名为有法。[1]

若谓涅槃是有法者，经则不应说无受是涅槃。何以故？无有有法不受而有，是故涅槃非有。

问曰：若有非涅槃者，无应是涅槃耶？

答曰：

有尚非涅槃，何况于无耶？
涅槃无有有，何处当有无？[2]

若有非涅槃，无云何是涅槃？何以故？因有故有无，若无有，何有无？如经说先有今无则名无。涅槃则不尔。何以故？非有法变为无故。是故，无亦不作涅槃。

复次：

若无是涅槃，云何名不受？

---

① 不受，亦即不取着。此颂大意：涅槃的基本意义本来寂灭，当然无所取，无所执。若以涅槃为有，那么，作为有为法存在的涅槃，如何能说无受呢？有为与无受是对立的，若无受，则没有有为法存在了。

② 此颂大意：有与无是相对待的矛盾概念，互以对方为存在的依据，否定一方即否定另一方。若涅槃非有，也就非无。

这种认为概念的同一性和差异性相互包含的思想是黑格尔学说的特征。所不同的是，黑格尔认为存在的特性便是矛盾的，矛盾证明具体的事物实在性；龙树则认为矛盾意味着荒谬，意味着对存在的否定。

未曾有不受，而名为涅槃。[①]

若谓无是涅槃，经则不应说，不受名涅槃。何以故？无有不受而名无法，是故知涅槃非无。

问曰：若涅槃非有非无者，何等是涅槃？

答曰：

受诸因缘故，轮转生死中。
不受诸因缘，是名为涅槃。

不如实知颠倒故，因五受阴往来生死；如实知颠倒故，则不复因五受阴往来生死，无性五阴不复相续故，说明涅槃。

复次：

如佛经中说，断有断非有。
是故知涅槃，非有亦非无。[②]

---

① 此颂中复提出“不受”，此称不得，它指出经上说未曾有不受可以称涅槃的。其用意在强调涅槃毕竟不同生死世间，否则有什么意义呢？此下权引三论师吉藏的一段话：“（若言）我性净涅槃，古今常定不起不灭，故无上过（指不致使涅槃有老死相，参见本品第四颂）。问：既不起灭，有隐显不？答：有隐显。问：既其不生，亦应不显。若取无妄惑为显，亦取无妄惑为生。若生论体生，亦显论体显（亦是有所得义）。”此颂中涅槃不能无受的论议所据即此。

② 经中既说，否定存在则连同否定了非存在。我们便知道涅槃是非存在，又是非不存在。

有名三有，非有名三有断灭。[①]佛说断此二事故，当知涅槃非有亦非无。

问曰：若有若无非涅槃者，今有无共合是涅槃耶？

答曰：

若谓于有无，合为涅槃者。
有无即解脱，是事则不然。

若谓于有无合为涅槃者，即有无二事合为解脱。是事不然。何以故？有无二事相违故，云何一处有？

复次：

若谓于有无，合为涅槃者。
涅槃非无受，是二从受生。[②]

若谓有无合为涅槃者，经不应说涅槃名无受。何以故？有无二事从受生，相因而有[③]，是故有无二事不得合为涅槃。

---

① 三有，存在的三种基本形式，即所谓依于欲界、色界、无色界的欲有、色有、无色有三者。

② 将涅槃看作有无二者并未排除涅槃有受（而涅槃本应是无受的）。为什么呢？《大品般若》说，菩萨得无受三昧，行亦不受乃不至不受亦不受。如果执涅槃或有或无或有无或非有无无，哪怕承认涅槃绝百非，心仍执有，仍是有受，即有悖于经上涅槃无受义。

③ 相因而有，指有无二者均从执取——所谓有受——而来。相因者，互相为因，互为依据。

复次：

有无共合成，云何名涅槃？
涅槃名无为，有无是有为。

有无二事共合，不得名涅槃，涅槃名无为，有无是有为，是故，有无非是涅槃。

复次：

有无二事共，云何是涅槃？
是二不同处，如明暗不俱。[①]

有无二事，不得名涅槃。何以故？有无相违，一处不可得，如明暗不俱。是故有时无无，无时无有。云何有无共合而名为涅槃？

问曰：若有无共合非涅槃者，今非有非无应是涅槃？[②]

答曰：

若非有非无，名之为涅槃。

---

① 从有无的矛盾性而言，两个差别的东西如何能同一并成为无分别的涅槃呢？按照龙树的观念，对立的矛盾是不可能共处于一个统一体中的，更何况是至高而绝对的超越境界。

② 此一问题的提出仍未越出经验界，因为有无共合与非有非无虽相互否定，但却属于同一个存在界面。《大智度论》卷引上有对此的批判：有人舍有为着无为，以着无为即成有为。

此非有非无，以何而分别？[①]

若涅槃非有非无者，此非有非无，因何而分别？是故非有非无是涅槃者，是事不然。

复次：

分别非有无，如是名涅槃。
若有无成者，非有非无成。[②]

汝分别非有非无是涅槃者，是事不然，何以故？若有无成者，然后非有非无成。有相违名无，无相违名有。是有无第三句中已破。参见第11颂大意。有无无故，云何有非有非无？是故涅槃非非有非非无。

复次：

如来灭度后，不言有与无。
亦不言有无，非有及非无。
如来现在时，不言有与无。

① 此颂大意：如非有非无是涅槃，这非有非无如何分别呢？这是承接上一颂来说的。上一颂才从有无两面否定其为涅槃，这里问者又要以非有非无为涅槃。形式上非有非无是遮遣的，是从负面说的，但骨子里它又肯定了有“非有非无”这东西，可它究竟是什么呢？

② 此颂大意：如以非有非无作涅槃，则先得看非有非无是否能成立。可非有非无依赖于有之成立。如有无不成，前面已破，现在的非有非无如何可以成立呢？

亦不言有无，非有及非无。[①]

若如来灭后若现在，有如来亦不受，无如来亦不受，亦有如来亦无如来亦不受，非有如来非无如来亦不受。以不受故，不应分别涅槃、有无等。离如来谁当得涅槃？何时何处以何法说涅槃？是故，一切时、一切种求涅槃相不可得。

复次：

涅槃与世间，无有少分别。
世间与涅槃，亦无少分别。[②]

五阴相续往来因缘故，说名世间。五阴性毕竟空，无受寂灭。此义先已说，以一切法不生不灭故，世间与涅槃无有分别，涅槃与世间亦无分别。

复次：

---

① 此处本在说明涅槃实相，何以一下子转到讨论如来是有、是无、是有无、是非有非无这四句上来呢？依吉藏《中论疏》卷10说，如来实相在《如来品》中已经显示，由于如来与涅槃是同一的，此借如来在过去、现在二世中的实相显示涅槃。

② 继前破斥关于涅槃的种种错误见解之后，此下即显示涅槃相。此处涅槃与世间无二无别的命题甚为重要。为什么平等无二呢？这可以结合《中论》自身来说。《中论》中从《因缘品》至《成坏品》都在说明世间非有、非无、非有无、非非有非非无；从《如来品》至《涅槃品》是说出世间的有无等四句不成。两相对照，故说生死涅槃无异。《中论》所欲达至的正是关于存在——经验与超验存在——的二而不二的认识。佛智也就是不二而二之智，如来智便是了生死涅槃二而不二之智。那么“二而不二”是针对什么标准说的呢？吉藏答：“于道未曾二，于缘未曾一。于道未曾二，生死常涅槃。于缘未曾一，涅槃常生死。”

涅槃之实际，乃与世间际。

如是二际者，无毫厘差别。[1]

究竟推求世间涅槃实际无生际，以平等不可得故，无毫厘差别。

复次：

灭后有无等、有边等、常等诸见，依涅槃、未来、过去世。[2]

如来灭后有如来无如来，亦有如来亦无如来，非有如来非无如来。世间有边世间无边，世间亦有边亦无边，世间非有边非无边。世间常世间无常，世间亦常亦无常，世间非有常非无常。此三种十二见。[3]

如来灭后有无等四见，依涅槃起；世间有边无边等四见，依未来世起；世间常无常等四见，依过去世起。如来灭后有无等不可得。涅槃亦如是，如世间前际后际，有边无边、有常无常等不可得，涅槃亦如是。是故，说世间涅槃等无有异。

复次：

---

① 涅槃与世间二际无差别的同一之处就在于原本无生。这就回到了《中论》的根本颂上，即“八不”首颂上。

② 前说整体上看待世间与涅槃无分别；今则具体说世间一切见解无论正邪，一律与涅槃无分别，两者无二无别的依据在于论求世间存在与否、有极限与否、时空存在与否这样的问题，究竟不可得；而涅槃也究竟不可得。本颂说三种十见来由。

③ 三种十二见是关于世界存在时空等基本问题的见解。这只是世间见解的一部分。《中论》在此举例说明一切邪见也与涅槃根本无异。《净名经》说，诸佛解脱当于六十二见中求。吉藏说，佛法内大小乘人知六十二见毕竟空，不知世间即是大涅槃。是故今举诸见为例（参见《中论疏》卷10末）。

一切法空故，何有边无边。
亦边亦无边，非有非无边？
何者为一异？何有常无常。
亦常亦无常，非常非无常？①
诸法不可得，灭一切戏论。②

① 进一步再回来说明世间法上关于生灭、一异、常断、来去的八种见解都是虚妄，毕竟是空，从而与涅槃无受不得的毕竟空取齐，重申“八不”首颂，强调世间涅槃一如。此两颂可说是对前面一共25品的总结。长行中亦有“从《因缘品》来至《涅槃品》”的说法。吉藏说：“横破二十五条，竖穷四句皆不可得，即是诸法实相名为中道。”

② 此颂是对本论开头首颂的重申，前面说“能说是因缘，善灭诸戏论”，这里说“诸法不可得，灭一切戏论”。两颂遥相呼应。其间的内在一致在于龙树理解的因缘、缘生是非实体性的。因缘，用我们的话说，可以称为原因、条件，也可以化为关系，它具有道德伦理的，也有物理性的或逻辑语言的关系。龙树在《中论》中往往偏重于逻辑的关系。不过，对他而言，这种关系只是“不生不灭的缘起”。关系不是实体，自不待说。关系也不在实体之间，而仅仅在种种假名施设之间。惟其如此，皆为戏论。戏论，梵名prapañca，其字根意义便是“增长、衍生”，既指现象世界也指概念的衍生，这里已经含有非实在意义。在龙树更强调了概念思维的非实在性的含义。顺便说，佛教大乘对于概念思维所持的这种看法，无论空宗还是有宗都是基本一致的，瑜伽行派的“唯识”说，从梵文看，便是vijñāptimārta，也称之为“唯表”vijñāpti，意味着“征象、标记”，它直接源于识（vijñā，观念意识），是识的表现、流露，我们称为“表象”“影像”，这就决定了vijñāpti的非实在性。从这一点看，它也是虚幻的、假设的、权宜性的表示和所指。这同中观派关于概念名言的戏论性质是极其接近的。话再说回来。龙树的非实体性关系和对非实体对象的关系描述均属于戏论。他所以强调“八不”缘起，目的在破斥主要是说一切有部阿毗达磨师的实在论观念，取消实在论的因果关系和一切可能有的必然联系，显示一种超越语言结构的实在自相。我们可以说，瑜伽行派强调以修瑜伽的方法去体会、体验神秘的与绝对合一的境界，而龙树的中观见地试图通过层层破除语言的局限性以至于障碍性，通过语言来否定语言概念自身，使人们从反面去领悟超语言的也是超经验的存在。龙树乍看起来是对知性绝望的，但从他所做的努力来看，他仍然预期了人们的知性，因而我们认为龙树仍然是理性主义的，他要以揭示理性内在的矛盾，通过一系列二律背反的命题来摆脱理性的困难，跃入真如实相的境界。当然，龙树从未否定非理性的直观方法，即传统的冥想方法，但《中论》并不涉及这点。

无人亦无处，佛亦无所说。[①]

一切法、一切时、一切种，从众缘生故毕竟空，故无自性。如是法中，何者是有边？谁为有边？何者是无边，亦有边亦无边，非有边非无边？谁为非有边非无边？何者是常？谁为是常？何者是无常，常无常，非常非无常？谁为非常非无常？何者身即是神？何者身异于神？

如是等六十二邪见，于毕竟空中皆不可得，诸有所得皆息，戏论皆灭。戏论灭故，通达诸实相得安稳道，从《因缘品》来[②]，分别推求诸法，有亦无，无亦无，有无亦无，非有非无亦无，是名诸法实相。亦名如法性实际涅槃。是故，如来无时无处，为人说涅槃定相。是故，说有所得皆息，戏论皆灭。

---

① 此颂的后一半可以作直解。无人，说根本没有贤愚不肖，没有六道众生，没有声闻、缘觉、菩萨等相应于佛教真理的教化者、追求者。无处，说根本没有净土佛国和此间秽土的区别，没有十方三世诸佛世尊，也没有佛世尊所教导的八万法藏，无经律论。总之，一切空无，究竟不可得，彻上彻下，了无一物，这便是涅槃了。

② 《中论》于此也透露出基本线索，即从《因缘品》开始而至《涅槃品》结束的“毕竟空无所谓”境界。

专有名词索引

（索引中的页码为英文原著页码，即本书边码）

A

akuśala 不善（bad）10

akṛtaka 无作，非因缘而产生者 40

acetanaḥ 非情，无识，无感知亦无造作的色之实在 26

accha 不污的，离苦的，清净的（ethereal）10

advaya 不二 42

advaya-lakṣaṇam vijñapti-mātram 不二法相唯识量（undifferentiated pure con-sciousness）33

advaita-brahma 不二的梵 22

adhikaraṇa-sadhana 于格（locative sense）5

adhyātmavidyā 内在的学问，内明 55

adhvam 时（times）41

anapekṣaḥ svabhavaḥ 自性无待（new definition of reality）46

anātman 无我 8，41

anāsrava-drarmāḥ 无漏的诸法 55

anirvacanīya 无从定义的（undefinable）47，91

anvaya-jñāna 比智 17

aparokṣa 现前 45

aparokṣa vartin 现前所住（to be seen directly）45

apavarga 完成，解脱（absolute end）54

apekṣa 相待 43

abhāva 非有（the void）39，50

abhijñā 神通 19

abhisamaya 现观，证 47

amṛtyu-padaṃ 不死的国（the place of immortality）59

arūpa-dhātu 无色界（immaterial world）7

arūpiṇo dharmāḥ 无色法（psychical elements）8

artha 利（wealth）12，45，39

arhat 阿罗汉 60
avayavin 有分（whole）41
avidyā 无明（ignorance ）9
avidyā-tṛṣṇe 无明见 60
aviparitārtha 非颠倒义，真实义（whole state）44
asaṃskṛta 无为 15，35，59
eternal 恒常 15
unconditioned无制限，无待42
asaṃskṛta-dharma 无为法（eternal elements ）34
asiddha 不成（unwarranted）41
asthita 非存 59

Ā

ātman 我 8，31，60
soul 灵魂 7
self 自我 41
ātmavāda 自我说 22
ādi-śānta 本寂（extinct from the outset）35
āntaṛiksavāsin 以太之身，色界的存在（etheral existences）19
āyatana 处 39，55，56，60
sense and sense data 感觉与感觉材料 39，60
āropito vyavahāraḥ 假说示现，表示，表现（imputed characteristics）44
ārya 圣 15，60
Buddhist Saint 阿罗汉 3
Saint 圣者 16
purifyed or saintly（one）纯化了的或圣智的（人）9
ārya-pudgala 圣补特伽罗 60
ārya-satya 圣谛 60
āryasya satyāṇi 圣谛（truths of Saint）16
ālaya 藏，阿赖耶（store consciousness）32
ālaya-vijñana 藏识，阿赖耶识（store consciousness ）30，31，32，35
monistic spiritual principle 精神单子 30
one initial or store consciousness 原初识 31
āsrava 漏口，苦恼（influence）57

I

idaṃtā 如是性（thisness）47
idaṃpratyayatā 如是缘性（relation to thisness）47
indrya 根 59

U

ucchedavāda 断灭论（materialism）28，50
utkarṣa 上生，增进（intensity）9

utpatti-niḥsvadhāva 生无性（causal unreality or relativity）33
upadāna skandha 取蕴 60
upapatti-dhyāna 能生禅定（existence in a mystic world）7，15
upapāduka 化生（apparitional）12

Ṛ

ṛddhi 神通力（supernatural power）6，19

E

ekāgratā 唯一境性、（心）境性（fixing the attention on a single point）5

K

Karaṇa-sādhana具格（instrumental sense）5
karma 业（nature）11，28
lows of evolution, elanvital 生命力 13
general force 一般的力 56
karma-sādhana 业格（objective sense）5，48
kalpanāpodha 离观察，无分别（no synthetic thought）7，45
kavalī-dāra-āhāra 段食（physical food）13
kāma 爱（love）15
kāma-dhātu 欲界（our gross worlds of carnal desire）10
realm of gross bodies 粗重的身体的境界 12
kāraṇa-hetu 能作因（a kind of causality）41
kuśala 善（good）9
kliṣṭa 染（impure）10
to be affected 受熏染的 10
kleśa 烦恼（defiling faculties）10
kleśa-janman or kṣayaḥ 烦恼现身、烦恼身 29
kṣaṇa 刹那（point instant）35
点刹那（momentary entity）40
kṣaṇa-santāna 刹那相续（chains of moments）7
kṣānti 忍辱（feeling of satisfaction）17

KH

khātur 知识主体 38
khyāter 知之作用 38

G

guṇa 德 59
gotra 种（humanity in families）36

grāhya-grāhaka-rahita 所取能取差别（undifferentiated into subject and object）33

C

catur-artha-pada 四句义 60
citta-ekāgratā 心一境性 17
citta-caitta 心心所 46
spiritual absolute 心法 33
citta-dharmatā 心法性 33，47
citta-mahā-bhūmikā 心大地法 7
general faculties 普遍的性质 9

J

jaḍa 无知无觉，无生气（inanimate）59
lifeless 无生命的 60
janma 出生 55
jñāna 智 31，45
jñānakāra 智的状态 39

T

tattva 谛 38，41
tathatā 真如 47
suchness 如此性 31，33
absolute 绝对 33
tathāgata-kāya 如来身 45
tathāgata-garbha 如来藏（the matrix of the Lord）47
traidhātu 三界 35，60

D

divya-cakṣuḥ 千里眼（faculty of sight illimitted）11
divya-śrotram 千里耳（faculty of audition illimitted）11
duḥkha 苦 20，60
phenomenal existence 现象的存在 17
actual condition of life 生命受限制的实际状况 55
duḥkha-satya 苦谛 60
duḥkha-samudaya 苦集（driving forces of actual condition）55
dṛṣṭi-mārga 见道 19
path of illumination 觉悟的道路 17
dṛṣṭi-heya 见道所断（to be remedied by insight or reason）10
devānām-priya 像神的，装神的，傻瓜 39
dehocchedo mokṣaḥ 所谓涅槃即是断灭（nirvāṇa at every death）28
dravya 实 35

DH

dhamma 法 8，9，12，15

dharma 法，本质 31，43，44，60
character 特性，本质 46
duty 责任 12
elements 元素 15，31，49
elements of the Universe 宇宙构成元素 34
entity 实体 28
lifeless substance 无我无作的实体 29
separate elements 分离的元素 15，18，33，50
something real 真实的东西 48
ultimate elements 终极的元素 41，42
ultimate realities 终极实在 24
dharma-kāya 法身 31，39，45，48，52
Cosmical Body 宇宙之身 25，26，60
Absolute Whole 绝对大全 41
dharmatā 法性（cosmical order）45
dharma-dhātu 法界
element of the elements 元素之元素 43
essence of reality 实在的本质 33
dharma-nairātmya 法空 41
dharma pravicaya 法之抉择 57
dharma praviveka 法的区别智 57
dharma svabhāva 法自性 29
energy itself 力能本身 28
everlasting nature 永恒自然 27
indefinite essence 不确定的本性 40
dharmatā 法性（cosmos）45
dharma lakṣaṇa 法相（actual life）27
dharmāṇām dharmatā 诸法的法相（element of the elements）43
dharmāṇām pratityasamu-tpāda 诸法缘起（principle of the dependently coordinated existence of the elements）42
dhātu 界 59，60
categories 范畴 10
component parts of existence 存在之组合部分 55
kinds 种类 14
dhyāna 禅 5，19
degrees of trance 出神的不同程度 11
lower mystic worlds 较低之神秘境界 6

N

naviśiṣyate 无差别 59
nānya nānānya 非异，非非异（neither different，nor undifferent）33
niruddha 寂灭（extinct）35
nirodha 灭 16，17，25

extinction 消灭，止灭 55，1
annihilation of all life 一切生命力的熄灭 25
final extinction 最终的止灭 17
nirodha-satya 灭谛 25
nirmāṇa-kāya 化身 57
nirvikalpakam jñānam 无分别智 31
nivṛta-avyākṛta 有覆无记（indifference）12
niṣprapañca 离戏论 42，43，44
above every possible determination 超越所有可能的决定判断 43
whole forbids every formulation by concept or speech 对每一种概念或语词陈说的整体禁止 43
niṣyanda-phala 等流果（homogeneous）8
niḥtattva 无自性 38
niḥsreyasa 最上善（super-bliss）54
niḥsvabhava 无自性（no separate reality）45
nyāya 正理（logic）35

P

pañcapādāna-skandha 五取蕴 56
paratantra 依他（contingentlyreal）33
paratra nirapekṣa 不待异法成（what was not dependent upon anything else）41
parama mahat 极大 58
paramatamā śritya 基于他人所说 39
paramārtha 胜义 40
paramārtha niḥsvabhāva 胜义无自性（absolute unreality）33
parāpekṣatva 相互依存的（interdependent）43
parikalpita 自性分别（original construction）33
pariṇāma 转变（modifications）32
pariṇāma-duḥkhatā 坏苦 17
parinişpanna 真实性（unique reality）33，34
reality in the absolute 绝对的实在 34
parinişpannatā 圆成实性 47
pāṣāṇa-nirviśeṣaḥ 与石头一样无区别（to be undistinguishable from a stone）59
pudgala 我 8，31，41
individual 个体之我 41
personality 人格我 7，50
pudgala-nairātmya 人空 59
no real personalities 无真我 41
pudgalavāda 补特伽罗说 31
pudgalavadin 补特伽罗论者（personalist）22
pṛthag-jana 凡夫（worldling）12
pṛthag-janatva 凡夫性（elements

of common worldliness) 12
prakṛti 自性 (undifferentiated matter) 28
prakṛti-prabhāsvara 本性明净 45
prajñā 正智 9, 10, 57
prajñā amalā 无漏智 (transcendent wisdom) 9
prajñapāramitā 般若波罗蜜多 43, 45, 48
the climax of wisdom 最高智慧 45
prajñapāramitā-pariśuddhi 般若波罗蜜多清净 45
prajñapti 施设 (conventional) 45
verbal characterisation 具语言特征 50
prajñaptisat 施设有 (nominalentity) 50
nominal existence 假名有 41
nominal realities 唯名论意义的实在 24
pratigha 口恚心，有待，障碍
pratisankhyā nirodha 择灭 57
pratītya-samutpāda 因缘生起 (causal laws) 32, 35, 43
dependently-coordinated existence 相依缘起的存在，依缘有 46
dependent-existence 依赖性的存在，相待有 43
dependently-together-origination 7
principle of relativity 相对性原理 46
pratyakṣa 直接知觉，现量 45
pratyaya-adhinu 依存于缘的 43
pratyātma-vedya 自我证知能力 (inward conviction) 18
prathama-dhyānādi 初禅天等 (wolds of ethereal bodies) 12
pradhāna 胜性 (prinitive matter) 32
prapañca 敷衍 (verbal designation) 48
prapañcaupa śamārthan 戏论止灭义 43
prapañcayanti 戏论 (to detail) 45
prabhāvita 显现 45
pramāṇa 量 39
logical methods 逻辑方法 38
pramaṇena viniścita 量决定 (ascertined by sound logic) 18
prameya 所量 56
prayoga-mārga 行道 (course of training) 16
prasankhyāṇa 明白地知道 60
prasrabdhi 轻安 (feelings of bodily ease and lightness) 11, 14
prahina 舍 (to be suppressed) 8
prādur-bhāvaḥ 生法 43

B

bādhana 逼迫 56
bīja 种子（seeds）32
buddhi 觉（consciousness）59
bodhisattva 菩萨 16
bodhisattva mahāsattva 菩萨摩诃萨（master）4
brabma 梵 38，45
brahmanirvāṇa 梵涅槃，个体消融于宇宙大全中 3

BH

bhāva 有 28，38，45
  an existence 存在 46
  reality per se 实在自身 28
bhāva-saṃtati 有之相续（continuous stream of existences）44
bhāvanā-heya 修道所断（to be remedied by concentrated attentiononly）10
bhāsvara 光辉的，光明的（ethereal）10
bhūta-koṭi 真实际 45
  all the millions of existences 45
bhūta-tathatā 如性（suchness of existence）47
bheda 相异 39
bhrama 误谬 55

M

mati 慧 9
manuṣya-loka 人间界 27
mārga 道 16，19，55
  gradual extinction of actual condition 对实际苦境的渐次熄灭 55
  path toward to final extinction 通往最终止灭的路 17
mārga-satya 道谛 55
mukta 解脱 59
mukhya 重要的 55
muktātman 解脱我 60
mokṣa-nirvāṇa 解脱涅槃（Final Deliverence）54，59

Y

Yoga 瑜伽 6，7，16，118
  exercises 修行 15
  meditation 冥想 3，15
yogi-pratyakṣa 瑜伽现量（mystic intuiti on）16

R

rāśi 堆积 41
ruci 爱乐（feeling of satisfaction）17
rūpa 色 39，46，53
  sense data 感觉材料 46，53

matter 物质 39
rūpa-āyatana 色处 60
rūpa-dhātu 色界 6，19
rūpa-akanha 色蕴 60

L

lakṣaṇa-niḥsvabhāva 相无性（essential unreality）33

V

vastu 事 20，25，43
vāk 声（verbal designation）48
vāsanā 幻想力（transcendental illusion）61
vikalpa 分别（bifurcate）43
vicāra 考察，伺 38
vijñaptimātratā 唯识无境性 47
vijñāna 识 10，14，33，43
pure consciousness 纯意识 39
pure sensation 纯感知 10
sensations 知觉活动 14
vijñāna-vāda 唯识说
idealistic view 观念论 31
vijñāna-skandha 识蕴 31
vipāka 异熟（results）32
vibhu 遍 58
vimokṣa 解脱（extinct）28
vedanā 受（feeling）39
vyavahāra 世俗 39
vyavahāra-satya 世俗论，世谛 39

Ś

śabda 声，语 60
śarira 身体，体，舍利 60
śānta 寂（quiscent）35
śāstra 论 60
śāsvatatavāda 常住论（the doctrine an eternal soul）50
śilā-śakala-kalpa 如石块似的（similar to a piece of rock）59
śilātva 冰冷的岩石 60
śūnya 空 43
depemdent txistence 相待有 43
unreal 非真实的 41
principle of relativity 相对性或相待原理 46
śūnyatā 空性 43，60
conception of relativity 相对观念，相待性概念 46
interpretation of relativity 相对性之解释 46
negativity 否定性 53
relativity 相对性 32，42，47，49，50
relativity or contingency 相对性或偶然性 42
śūnya-vāda 空论（the principle of

relativity）30

S

saṃjña 想（ideation）39
saṃñāna-skandha 想蕴 35
saṃbhāra-mārga 资粮道 19
saṃvṛti 隐覆 39
saṃsāra 轮回 15，19，40，48
phenomenal life 现象的生命 54
transmigration 转生，再生 29
saṃskāra 行
energies 力能 28
force, element 力，元素 15
facultics 本能 15
a special force 特殊的力 41
volition 意志 39
saṃskāra-duḥkhatā 行苦 19
saṃskāra-samūha 诸行聚（a bandle of elements or forces）7，15
congeries of flashing forces 一闪即逝的力之聚合 41
saṃskṛta 有为（conditionde）42
interdependent 相互依赖的 41
product of causes 因之产物 48
saṃskṛta dharma 有为法（phenomenal world）34
saṃskriyate anena 由此而作 15
saṃskriyate etad 此为所作 15
satkāyadrsti 有身见 22
satya 谛 60
santāna 相续（stream）10
stream of thought 心相续 7
sabba 一切 60
samantara-pratyaya 次第缘 32
samādhi 三昧 6，15，19，60
concentrated thought 专注的思想 5
faculty of concentration 专注的能力 10
faculty of concentrating our thought upon a single pointto the exclusion of all other disturbing considerations and occurences 专注一点、摒除杂念的能力 9
samāpatti 等至 5
contemplation of some unique idea 沉思，冥想 11
mystic world 神秘者的境界 11
samāpatti-dhyāna 等至禅定（concentration）15
samudaya 集（driving forces of a phenomenal existence）17
samudaya satya 集谛 60
sambhāra-mārga 资粮道（accumulating merit）17
sambhūya-kāri 相与作，共作 15
sarva śūnyatā 一切皆空 39
sarvatraga-hetu 遍行因（a special

law of causation）10
sarvabharmah 一切诸法 40，45
sarvaghāva 一切存在 43
sarvam 一切 35，60
sarvam jñeyam 一切所知 60
sarvam vijñapti mātrakam 一切唯识 35
sarvam heyam 一切已舍（to be odestried）27
savikalpakam jñānam 有分别智 35
sahabhū 俱有（sattellite）6
sāsrava 有漏（to be affected）10
sāsrava-dharmāḥ 有漏法 60
skandhas 蕴 60
elements 元素 30
skandha-āyatana-dhātavaḥ 蕴，处，界 48，49
ultimate elements 终极元素 42
component elements 构成元素 41
sthita 存 59
srotāpattiphala 预流果 19
svabāva 自性 43，45，60
etarnal lifeless substance 永恒无生的实体 44
existence of its own 自我存在性 46
individuality or reality 个别性或实在性 46
reality of the real own 真正自我的实在性 40
svabhāva-kāya 自性身 45
svabhāva-dhāraṇād dharmaḥ 自性摄持法（current definition of reality）46
svabhāva-śūnya 自性空 47，50，120
devoid of independent reality 缺乏独立的实在性 43
sva-matena 据自已说，由已说 39
svarūpāvsathā 自相分（original and natural condition）58
svarūpāvasthāyām 自相分（soul in itself）60
svalakṣaṇa 自相（conception of an extreme concrete and individual）35
individuality 个别性，个体性 46
svādhimukti-daridra 自解脱者 45

H

hīnādhimukti 小乘的倾向（low-church family）39
hetu 因 60
hetu-pratyaya 因缘（causal laws）7
heya 舍，断，弃（must be shunned）56
heyahatuḥ 能舍之因 60
heyopadeya-hānodadāna 能舍已舍，能得已得 26
lusttrieb 欲念本能 27

人名索引

（索引中的页码为英文原著页码，即本书边码）

A

Anesaki, Ṃ 姊崎正治 39，29
Asanga 无著 19，31，33，35
Aśvaghoṣa 马鸣 31，35
Avenarius 阿芬那留斯40

B

Baradiin, B. 鲍罗丁36
Barth, A. 巴思 37，51，68
Bergson, Henri 柏格森 51，54
Bernard, Claude 贝纳德 40
Bradley, F. Herbert 布拉德雷 52，54
Bruno, Giordano 布鲁诺 53
Buddhaghoṣa 佛音 5，66
Bühler, Georg G. 布勒尔 2

C

Candrakīrti 月称 35，43，45，46
Comte, I.A.ṃF.Xavier 孔德 40
Cusanus, Nicolaus 库桑努斯 53

D

D'Alambert 达兰贝特 40
Descartes 笛卡尔 19
Deussen, Paul 道森 52
Deva, Arya 圣天·提婆 35，47
Dharmakīrti 法称 35，61
Dharmapāla 护法 35
Dignāga 陈那 24，31，35，45，61

F

Franke, Otto 弗兰克 43

G

Gauḍapāda 乔荼波陀 57

H

Harivarman 诃梨跋摩 24
Hegel, G. H. Friedrich 黑格尔 53
Heracleitus 赫拉克利特 52

J

Jacobi, Herman 雅各比 52
Jayanta 迦延达 59

K

Keith, B. 凯思 52，39，52
Kern, H. 克恩 48
Kumāralābha 鸠摩罗多 25
Kumārila 库马立拉 37

L

Leibniz, G. Wilhelm 莱布尼茨 19

M

Mach, E. 马赫 40
Mahābhadanta 大德 25
Maitreya-Asanga 弥勒－无著 17, 34

N

Nāgārjuna 龙树（序中）35，37
Nanḍa 难陀 32

O

Occam, William 奥康 46

P

Parmenides 巴门尼德 52
Pāṇin 拜尼尼 23
Pātañjali 波檀迦利 4，14，15，56
Poussin, Louis de la Vallée 路易·德·拉·瓦勒·浦山（序中及书中各处）

R

Rhys Davids, Mrs. C. 李斯·戴维斯 60
Rosenberg, Otto 罗森堡 8，14，25，29
Ross, D. D. 罗斯 1
Russel, Bertrand 罗素 19，40，49，52

S

Saṃghabhadra 众贤 29
Saṃkara 商羯罗 22，38，39，51
Schneider, Alexander 施耐德，亚

历山大（序中）
Schopenhauer, Arthur 叔本华 52
Senart, E. 塞纳特 15，51
Spinoza, Baruch de 斯宾诺莎 41，53
Srīharṣa 室利哈沙 60
Srīlābha 室利罗多 7，14，25
Sthiramati 安慧 32，34
Suzuki, D. T. 铃木大拙 39

T

Tsibikoff, G. 契比科夫 17
Tson-kha-pa 宗喀巴 19
Tubianski, Ṃ 图宾斯基（序中）

U

Uddyotakāra 乌地约塔卡拉 55

V

Vācaspatimiśra 瓦恰斯帕底弥希罗 38，55，90
Vasubandhu 世亲 8，21，22，25，26，33
Vasumitra 世友 25，30
Vātsyāyana 伐差耶那 54，57，60

W

Walleser Max 沃勒塞尔 37，39，51
Woods, J. H. 伍兹 6
Wassilief 瓦西里耶夫 30，31，32

Y

Yamakami, Sogen 山上曹源 24，32，39
Yaśomitra 称友 8，15

Z

Zenon 芝诺 52

书名索引

（索引中的页码为英文原著页码，即本书边码）

1. 欧洲语言

Anesaki, Ṃ (姉崎正治): *Buddhist Art in itsrelation to Buddhist Ideal*《佛教艺术及其与佛教思想的关系》48; *Nichiren*《日莲》29

Aristotelēs (亚里士多德): *Metaphysica*《形而上学》43

Baradiin, B. O. (鲍罗丁): *Budijskih Monast'ryah Mongoliji Tibeta*《蒙藏佛教寺院》39

Barth, A. (巴　思): *Quarante ans.I*《故事编纂》39

Baldwin, J. W. (博得温): *Dictionary of Philosophy and Psychology*《哲学和心理学辞典》54

Beck, H. (贝克): *Buddhismus: Buddhaund seine Lehre*《佛教：佛陀和他的学说》15，60

Bergson, H. (柏格森): *Del'intuition philosophie*《直觉的哲学》19，54

Burnouf, E. (伯努夫): *Tr. and comm of Lankāvatāra*《楞伽经译注》35

Dahlman, J. (达尔曼): *Nirvāṇa*《涅槃》15; *Sānkhya philosophy*《数论哲学》15

Dashupta, S. N. (达斯古布达): *The Study of Pātañjali*《波檀迦利研究》15; *History of Indian philosophy*《印度哲学史》60

Deussen, P. (道森): *System des Vedānta*《吠檀多学说》52

Eisler, R. (埃斯勒): *Handworterbuch der Philosophie*《哲学手册》39

Faddegon (法德贡): *Vaiśeṣika System*《胜论学说》60

Franke, O. (弗兰克): *Kant und altindische Philosophie*《康德和古代印度哲学》22

Glasenapp, H. V.（格拉森纳普）: *Der Jainismus*《耆那教》60

Grote, G.(格罗特): *Aristotle*《亚里士多德》43

Grünweder, A.(格仑威德尔): *Buddhistische Kurnst*《佛教艺术》39

Hegel, G. W. F.(黑格尔): *Phenomenologie des Geistes*《精神现象学》54

Heiler, Fr.(海勒尔): *Die Buddhistische Versekung*《佛教徒的冥想》15，29

Jacobi, H.(雅各比): *Die Entwicklung der Gottesidee bei denimdern und deren Beweise für das Dasseingottes*《印度古代神之观念史》20; *tr.of Tattvārthādhi-gama Sūtra*《谛义证得经》(德译本）60

Kant, I.(康德): *Critique of Pure Reason* (tr. by ṃMüller)《纯粹理性批判》22

Keith, B.(凯思): *Indian Logic and Atomism*《印度逻辑和原子论》60; *Buddhist Philosophy in India and Ceylon*《印度和锡兰的佛教哲学》15，22，35，39

Kern, H.(克恩): *Manual of Indian Buddhism*《印度佛教手册》31，39

Kirfel, H.(克费尔): *Die Kosmographie der Inder*《印度的宇宙论》15

Law, B. C.(罗): *Heaven and Hell*《天堂和地狱》12; *Historical Gleanings*《历史拾穗》15

Lehman, Ed.(劳曼): *Buddhismus*《佛教》11

Lévy, S.(列维）: *Trimśikā*《唯识三十论颂》35

Mahāyānasūtrālaṃkāra《大乘庄严经论》35

Masson Oursel, P.(梅森): *Philosophie Comparée*《比较哲学》15

Masuda, J.(马苏达): *Samaya-bheda-uparacana-cakra*《异部宗轮论》31

Oldenberg, H.(奥登堡): *Die Lehre der Upanishaden und die Anfänge des Buddhismus*《奥义书学说和早期佛教》22

Otto, R.(奥托): *Das Heilige*《圣事》29

Poussin, Louis de la Vallée (浦山): *Etudes sur l'histoire des Religions 5.Nirvāna*《宗教史研究第五：涅槃》序中，4，29，39; *Tr. of the Abhidharmakośa*《俱舍论》法译本15，22，26，35，60

Mrs. Rhys Davids (李斯·戴维斯夫人): *Buddhist Psychology*《佛教心理学》60; *Tr.of Dharma-sangani*《法集论》19; *Dialogue of the Buddha*《佛陀的言教》60

Rosenberg, O. (罗森堡): *Problems of Buddhist Philosophy*《佛教哲学诸问题》15, 26, 38

Russel, B. (罗素): *ABC of Relativity*《相对性基础》50; *External World*《外部的世界》19, 54; *On the Notion of Cause in Mysticism and Logic*《神秘主义的因观念和逻辑》40; *The Problems of Philosophy*《哲学问题》50

Schayer, St. (圣·沙耶尔): *Die Erisungslehren derYogācāras nach dem Sūtrālaṃkāra des Asanga*《基于无著庄严经论的瑜伽行派解脱论》35

Senart, E. (塞纳特): *Album Kern*《克恩纪念文集》15

Stcherbatsky, Th. (舍尔巴茨基): Tr. of *Abhidharmakoṣa*《阿毗达磨俱舍论》英译本22; *Central Conception of Buddhism and the Neaning of the Word Dharma*《佛教的中心概念和法的意义》20, 29, 40; *Soul Theory*《灵魂的理论》

Suzuki, D. T. (铃木大拙): *Discourse on the awakening of the Faith*《大乘起信论》35

Taxen, P. (塔克森): *Farestillinge-nom Sjaelen i Rigveda*《梨俱吠陀中的观念与神》20

Tucci, G. (图齐): *Tr.of the Aryadeva's ad Lankāvatāra sūtra*《提婆的楞伽经注》译本35

Wach, J. (瓦赫): *Mahāyāna* (大乘) 39

Walleser, Ṃ (沃勒塞尔): *Die Buddhistische Philosophie*《佛教哲学》39; *Der ltere Vedānta*《早期吠檀多派》39; *Die Mittlere Lehre*《中论》54

Wassilief (瓦西里耶夫): *Der Buddhismus, SeineDogmen Geschichte und Literatur*《佛教：其教义史和文献》31

Woods, J. H. (伍兹): *Yoga-sūtra*《瑜伽经》15

Yamakami, S. (山上曹源): *Systems of Buddhist thought*《佛教思想体系》26, 35

2. 古代印度语言

Abhidharmakośa《阿毗达磨俱舍论》15, 19, 28, 31, 33, 41, 60

Abhidharmakośa-bhāṣya《俱舍论疏》15，19
Upaniṣad《奥义书》3，15，20，31，51
Ṛg-veda《梨俱吠陀》20
Kathā-vatthū《论事》15
Khandana-kanda-khādya (by Srīharṣa)《诘蜜》39
Catuḥataka (by Aryadeva)《四百论》48
Tattvārthā-dhigama Sūtra (by Umāsvāti)《谛义证得经》60
Tāranātha《多罗那他佛教史》35
Trimśikā-vijñapti-bhāṣya《唯识三十论疏》35，48，60
Dīgha-nikāya《长部经典》19，60
Nyāya-sūtra《正理经》57，60
Nyāya-sūtra-bhāṣya《正理经疏》60
Nyāyakandalī (by Srīdhara)《正理甘达利流》60
Nyāyatātparyadīpikā (by Jayasiṃhasūri)《正理释补疏记》60
Nyāyabindu (by Dharmakīrti)《正理一滴》19
Nyāyabindutīkā (by Dharmottara)《正理一滴论疏》19，26，60
Nyāyamakaranda《正理甘露》(by Ānandabodh) 39
Nyāyamañjarī (by Jayanta)《正理花鬘》59，60
Nyāyavārttika (by Uddyotakara)《正理释补》59，60
Nuāyavārttika-tātparya-tīkā (by Vācaspatimiśra)《正理释补疏证》39，60
Nyāyasāra (by Bhāsarvajra)《正理甘露》60
Pariśuddhi (by Udayana)《清净疏》35
Pāṇini《拜尼尼语法》26
Buddhacarita《佛所行赞》35
Brahmajāra-sutta《梵动经》19
Bhāmatī (by Vācaspatimiśra)《帕默底疏》39
Majjhima-nikāya《中部经典》35
Mahāyāna-abhidharma-samuccaya《大乘阿毗达磨集论》31
Mahāyānasūtrālaṃkāra《大乘庄严经论》35
Mahāvagga《大品》5
Mādhyamikavṛtti《中观论释》35，40，41
Mādhyamikaśāstra《中观论》45，48，50，60
Mādhyamikāvatāra《入中论》43
Ratṇakūta-sūtra《宝积经》50
Lankāvatāra-sūtra《楞伽经》31，35
Lam-rim-chen-po (by Tson-kha-

pa)《菩提道次第论》19
Vātsyāyana ad Nyāya-sūtra《正理经伐差耶那注》20，60
Vātsyāyana ad Vaiśeṣika-sūtra《胜论经伐差耶那注》60
Veda《吠陀》20
Vedānta-paribhāṣā (by Dharmarāja)《吠檀多说》
Vaiśeṣika-sūtra《胜论经》60
Sankara ad Vaiśeṣika-sūtra《胜论经商羯罗注》22，39
Slokavārttika (by Kumārira)《颂释补》19，39
Santānātarasiddhi《成他相续论》35
Samaya-bheda-uparacana-cakra《异部宗轮论》31
Samyutta-nikāya《相应部经典》40，60
Sarvadarśana-saṃgraha《摄一切见论》29
Sthiramati ad Abhidharmakośa《安慧注俱舍论》35

主要议题索引

（索引中的数字为英文原著页码，即本书边码）

绝对：佛教中的涅槃（2）；所谓无我（3）；永恒的生或者永远的死（26）；整个佛教观念史的缩影（60及以下）；其似乎可以由逻辑方法来论证（附录）。

唯破不立的论议法：中观应成派大师佛护破斥因果关系的立场（附录）。

无我无作者：世界是一个非我的过程，并无意识性的作者（附录）。

不可知的“无记”态度：佛陀的立场（21）。

虚无主义或否定主义：其主张构成生命的五蕴是“无”，基底是小乘的实在论（3）；人生的终极目标（4，5）源于漂泊五蕴，无所归着，这是因为某种认为有所追求的思想习气（3）；印度人对习气的反抗（4）；佛教并不是唯一想要摆脱“贪生”欲望的学说（54以下）；可能的说明（3—4，54）。

消灭：组成身体的诸蕴消散，在小乘是一种实在的“灰身灭智”的状态（3）；它是修行人生命的终极目标（4，5）。这对我们所习惯的思想而言不免有些古怪：为什么会有人想要实现这样的人生目标呢（3）；印度人对此的异见（4）。但佛教在印度并非唯一执此理想的（54）。可以提出的解释说明（3—4，54）。

相反相成的命题：类似康德的二律背反（附录）；相应地也有类似的解决方案（附录）

阿罗汉：（参见圣者）。

有、存有或存在：涉及十八界的“有”，十四生的“有”，以及欲有、色有、无色有三种相关的精神性存在（11）。参见《神圣界及其中心观念》（*Mystic Worlds and Central Conception*，p.10）的附录。

清辨驳斥佛护：（附录）。

佛陀：大多数小乘部派以及毗婆沙师都认为其生时为人，死后永灭（19，36，44）；大乘对此完全不肯同意（同前所出）；大乘佛教认为佛与宇宙是同一回事（44—45，附录）；按中观派的一元论哲学，追问佛生前死后的有与非有完全没有意义（附录）；按瑜伽行派的意见，佛陀灭后的无住涅槃显示他是真正的神，唯有瑜伽直观才能得见（49）。

佛教：从来主要是哲学性的，也是基于一种本体论的伦理学说（5）。

小乘的因果或因缘：整个世界只是刹那诸法实在的无穷集合。它们随生随灭，但依据的是严格的因果法则（附录）。无有一法生自他法，而只有其间的配合显现（同前所出），因之受统一性与规律性的制约（附录）。哪怕出世间也服从特别的因果相随法则（13，14，15）；佛教的因果性观念与现代因果关系极为相似，建立在“功能性的相互依赖性”上（40注释3）

因果性或缘起：在小乘中，世界是由无穷多的刹那实在（法）和力能依据严格的因果法则随生随灭而呈现于世（附录）。实在之间并无相生的关系，只有配合显现，从本性上说，其随生随灭是受到严格制约的（附录）。而在超出欲界的色界和无色界，仍然由因果法则支配（13，14，15）。佛教的因果法则同现代的“功能作用的相互依赖”类似（40注释3）。因果法则总的来说与十二因缘的说法不同（附录）。佛教六因中的“能作因”是一种普遍性联系了宇宙中过去、现在与未来的诸法存在的因果链（41注释6，附录）。能作因理论预示了一元论观念（42）。小乘的因与缘（附录）；对因与缘的不同观察（附录）；因与缘实际上是同义词（附录）；因与缘的理论背景并不始终相同（附录）；说一切有部的因缘分类（附录）：原因与条件称“因缘”、在前的条件和既有的物质因称“等无间缘”、特别的条件与作用因称“增上缘”、作对象的条件称为“所缘缘”（附录）；普遍的或协作的因缘条件，称“辅助因”（附录）；同类因、俱因或俱缘、异熟因、士夫成果因（附录）。

大乘的因果或因缘：用相对性关系来取代诸法刹那相依存在的观念（40以下）。这种思想中，生起性、存有性、相依性都是同一个东西（附录）；各别不同的诸法存在因此说到底都是不真实的（42）；也因于此，因果性（缘起）本身也就被否定了（48以下及附录）；唯破不立的"应成派"反对的正是缘起的因果性之真实（附录）；世俗的因果观不免是自相矛盾的（附录）；佛教对数论物质因果间同一性的批判（附录）；新相状与新出生并无区别（附录）；已存在的东西不可能再生出（附录）；数论的出生是无厘头的说法（附录）；对胜论的物质性后果与前因之断裂的斥责与批判（附录）；效能因之不可能（附录）；因果关系并非建立在直接经验的基础上（附录）；因果性也不是俱时配合（附录）；否定因果的同一性并不意味着承认两者的相异性（附录）；因果之间也不可能既是同一的又是相异的（附录）；若无因果，便无森罗万象的统一世界（附录）；世界非神造，非大自在天所造（附录），它不是因时生，不是极微生，不是自性生，也不是自然生（附录）；世间不能不随因缘生（附录）；但世间的因果性，只是因为众生不明白世俗与涅槃非一非异的缘故（附录）；如果懂得这个道理，随俗的、现象的、相对的因缘性还是可以接受的（附录）。

大悲：于大小乘中的宽窄不同（附录）。

哲学讨论：佛教与外教，佛教大小乘对讨论哲学原理的态度（附录）。

宇宙论：（48）。

法身：佛的法身说（45,48，附录）。

微分法：源自印度星象学家无穷剖析的方法（附录）。

二元论：（书中随处）。

生命力冲动：在佛教中相当于"业力"（14，56以下），也意味着通常说的"异熟因"：或伦理道德的因果关联性（附录）；类似于希腊哲学中的πρωτουχιυοῦυ（41注释1）。

元素：视情况可以称为诸法或诸蕴。人身五蕴的说法（8）；联接诸元素的力量是因果法则（8）；诸元素诸蕴的集合（9）；对于人生而言最重要的两个元素集合——色与心（9）。止伏人生诸元素骚动扰乱的有内观以及静定之法（10）；诸元素或诸蕴的分类法（27）。

能量或力能：它似乎指的是kriyā或vyāpāra这两种行为或行动的作用力、影响力；前者偏于仪式操作，后者大约指修持、操练的效果（附录）。

永恒论者：（2）。

伦理：（3）。

熵：宇宙中能量均衡而不再转移与运动的死寂状态（26，197注释6）。

无常论：（110）。

神：对最高主宰神的否定（106，122）。

天神或天：佛教中的诸天（10）；天界的居住者，也泛指三界的非人类（11）。

小乘：与大乘相对的立场（36，附录）；以诸法为多元实在的立场，否定最高实体与灵魂（39）；寂静主义的道德理想，由此而达至最终消解人生（3—4）；小乘又分为有部与经部等。

观念论主张：观念论在佛教史上始终存在着（31）。

无明：无明或幼稚的实在观被认为是一种单独的精神元素。无明与智慧相对（9）。

幻妄与真实：（附录）。

世界无我：（3）。

统觉：（附录）。

逻辑：一元论中的真实性（附录）；中观论者许可的逻辑（附录）。

中观：中观=中道=相对性、相待性=不二性=一元论（附录）；非虚无（37）；中观历史（66）；中观论法（98）；中观与数论之争（附录）；欧洲对中观的误解（37—38）；印度人对中观相待性的误解（37—38）。

中观派：（35以下，附录）。

大乘：其中观的核心思想是主张真俗不二的一元论、一切现象事物（诸法）本性为空、多元世界的假有性（诸法无我）（40以下）。这种思想同小乘的异同比较（书中随处）；其受奥义书的影响（50）。真俗不二的思想被瑜伽行派的三性三无性所改造（附录）。坚持真俗不二的一元论，无碍大乘佛教的大悲伦理；无缘大慈是拯救一切众生的一元本体论依据（附录）。

顺世论：对来生的否定（2，4）；对轮回的否定（2，25，29，附录）。

物质：刹那法所成的色法（3）；感觉材料之外没有色法（附录）。

中道：中观与相待或不二的同义

词（81）；参见索引中的应成派与自续派（7，附录）。
心：刹那法所成（3）；一刹那有数种心法生（8注释2）。
一元论：（3）；佛教与婆罗门教中都有一元论（50）；欧洲思想中的一元论（51及以下）；与大悲相协调的一元论（附录）；世界是唯一实体具有的无穷属性（附录）；一元论体系中逻辑之不可能（附录）；一元论与理性的矛盾（附录）；虔诚信仰与佛教学说的不相容，因为从逻辑上说，整体便已经消解了虔信本身（附录）。
一元论者：（4）。
一元论的世界：（2）。
道德进步：佛教如何看待道德进步（9）；假有的现象世间如何确立伦理原则的有效行（附录）。
运动：整体一元的世界中不可能有运动变化，这正是中观派明确的“不来不出”的主张（附录）。
神秘直观：又称瑜伽现量，阿罗汉这样的圣者才有的能力（15）；它可以超越理性直接达到要凭借哲学分析才能猜测的世界状况（16）。小乘与大乘对直观力的不同说法（随处）。它即是所谓“见道力”（随处）；佛教圣者经修行能获得见道力；豁然见道要经过十六相继刹那（17）。
超验世界：随不同冥想程度而达到的出世间境界，此中因不同定力而有相应的神通力，从而可以控制人生改变修行者的生存形态（11）。通过坐禅内观获致的想象力而投射出来的世界，在其中现实的经验被转换成超世间的更高境界（14）。室利罗多论师认为，粗重的肉身由十八界的元素所成（五根、五尘、五识和心、意、识）而在四禅定境中触觉与味觉等被抛弃、被克服，从而仅有十四种元素成为精细之身（5）。超验世界的实验基础；不同形态的超验生命有不同的物质结构；不同形态的超验生命有不同的道德水平，超出欲界的生命有透明的身体；而凭瑜伽而达致的四禅天中，其中的生命体是完全精神性的（11）。
龙树：他的著作（附录）；他的风格（46）
涅槃一：对于小乘，涅槃是绝对之别名，意谓现象界存在的终结（2，4）；它属于前佛教的观念（4）；它并非指死后生天（23，25）；它指一切生命中活跃成分的终结（28，附录）；但在涅槃的寂静中仍有极其稀薄的生命残余（15）；达到涅槃，要凭借实行瑜伽而逐步克服生命中的活元素（4，8以下）；涅槃是对生命断灭的消极观的抗议（58以下，附录）；涅槃的不死意义（20，25，59）；涅槃是不生不死义（29，附录）；它又是永恒的死亡（26）；它同唯物论死亡观的比较（29）；同正理-胜论派涅槃观的比较（11）；灵魂终结像是成为了“石头”般（26，59）；如果以现代物理学说法来比拟，像是“热寂”状态（28，附录）；小乘中各派对涅槃有不同的说法（21）；关于涅槃的悖论（21注释，附录）；解决这种悖论也类似康德的回答（附录）；佛陀对于类似涅槃等疑问不肯明确回答的“无记别”态度（21）；涅槃非灭非不灭（附录）；小乘的相应说法；毗婆沙师遵从了涅槃无生的说法（23，附录）；这种态度接近唯物论者（顺世论者）的死亡观（26，27，28注释31，附录）；他们的论据（27，附录）；经部师对此加以驳斥（29）；后者对死亡的看法预示了后来大乘的法身观（30，附录）；佛教的涅槃观体现佛陀对印度思想中唯物论者之断灭观的强烈拒绝和对道德义务的坚持，也是对轮回观的维护（4，21，28，附录）；唯物论的断灭观直接通往地狱而非涅槃（189）；涅槃既是生命终结，也就不免仍是某种“欲求”，它仍然是希望关闭现象生命的阀门（56）；涅槃是一个道德不断净化和生命走向精神化的过程（9）；涅槃又仍是经验界中的生命之寂灭（15）；就我们的习惯而言，它仍然是不离“欲望”于“愿求”的（4）；但对于佛陀，以涅槃为灵魂不灭自我永在仍然是不对的（2—3）。佛陀的涅槃观仍不离印度人的寂静理想（3—4）。印度佛教的好些早期派别都是反对涅槃无生的（4，41）；犊子部、大众部等都认为意识在入涅槃后依然存在（31，61注释5）；他们也有自己的论据——中蕴说（31注释1）。经量部继续了这个理论倾向并直到长入大乘（24）。

涅槃二：相对于小乘，大乘涅槃观念同哲学一元论是和谐融洽的（35及以下，41，47）；同

时，大乘涅槃观对吠檀多哲学见地也可以相互包容（50）；它反倒于小乘多元实在论相扞隔，大乘涅槃被称为非有或非非有（附录），或非有非非有（附录），或非非有非非非有（附录）。这最后的陈述（非有非非有）在很大程度上为大乘所津津乐道（201注释2）。涅槃既非一也非异（异即不二）（38，42，47）；不一（即多）是断灭（91）；非异则无生（93，附录）；涅槃又是不来不去的（无运动）（附录）；又并非真正的消灭（附录）；但它取消了所有人类思想的建构（附录）；涅槃又不可说的（附录）。它是多元现象背后的永恒寂静（48，附录）；因此涅槃表征了永恒绝对与变异现象之间的实体之同一（附录）；也因于此，涅槃就不是分别各异的实在（24，25，29）；诸如此类的说法都是对涅槃的否定性表述（25，27）。在严格的意义上，涅槃之一元论含义，既不像实在论者的，又不像唯物论者的看法，也不同心物二元论者、经量部或瑜伽行观念论者那样的理会（附录）。瑜伽行者对涅槃有三四种说法（附录）；大乘涅槃有利他的目的（见附录），这与严格的一元论似乎有所抵触；瑜伽行者的有神论倾向及其对人为建构的拒斥同他们的涅槃观也有一定的矛盾（2，附录）；《楞伽经》中列举涅槃二十义，没有严格的学理依据（31注释2）；涅槃观的历史演变（60及以下）。

正理－胜论派：其涅槃主张在初期与小乘无常坏灭的观点很接近（54及以下）。

境、对象或所缘：在佛教中，这是精神现象产生的条件（附录）。

本体论：（3）。

觉悟之道、菩提道：（16）。

解脱道：不同的解脱道（16）。

自相、绝对个别：刹那本身或自性（附录）。

无我无或自性无：（附录）。

自我：作为补特伽罗的“我”是一束元素的集合（8）；或是一股心法刹那之流（8）

悲观主义消极主义：（5）；它所依据的“苦”并非一般所谓的痛苦或受苦，而是与永恒宁静相对的生命现象，尤其与形成“苦”的现象过程中的取蕴相关。在印度安宁寂静而与苦绝缘，是无可比拟的至福（65，附录）。

参考“苦”。

假有：相对的真实与实在，可以认为它就是绝对者“表面”的“世俗有”（附录）；但它绝非绝对实在的部分或极小部分。绝非所谓的“物自体”，不是大乘佛教的自相或自体或自性（附录）。在印度外道并不会否定假有，因为他们并无绝对真与相对假的分别（附录）。

多元论：（3，39，41，随处）。

佛教的心理学：心理过程中没有主体精神（灵魂）（5）。

相依缘起：（附录，随处）。

寂静：真正的喜乐（5）。

实在论：小乘中的（39，附录）；经量部的（29，附录）；大乘不许可的（40及以下）。

真实：小乘的真实观与大乘不同，后者尤其中观派的真是类似于斯宾诺莎的实体与实在（41）。

相对性或相待性：所有事物间的因果依赖被认为是某种关系性的存在（42）。在大乘中，相依缘起被认为是相对真实假有的存在性依据（42，85，87，89）。在中观派，它就是空的同义语（43及注释）。存在因此有绝对和相对二者（41）。至大无外（大全的大全）便代表了绝然无对的独立存在（41，附录）。这很像是斯宾诺莎的实体（41注释）。此种观念在印度和欧洲都多有所见（51以下）。任一事物都是相对和相互联系的，不存在完全的独立（41）。因为缺乏了“空”而成“自性空”——缺乏自性而沦为相对性，所以它是相待的假有（41，附录）；所以，终极的不真实而只是现象之有。瑜伽行派认为现象假有是“依他起”的（33）。中观派这样证明相待有的虚假性质：一因果相依不离，任一都不能独立存在；二能知所知之任一便也不能独立存在；三甚至自在自立者也有相待性，无“他”便不可能有“自”的缘故；四只有涅槃才是无待的即超越因果的（附录）。相待性与相对性也就是“世俗有”，本质上属于“根本真实”的显像（附录）；但“本有”与“假有”又是同一的（附录）。二者由相待性（缘起性）而得贯通；这样的认识途径就是“中道”（50注释4，附录）；相待性的极致是涅槃，相待性是不是相待的呢（附录）？有学者认为这样的相待性理论类似于黑格尔辨证法（49，53）。

解脱：（3）。

祭祀性宗教：应许得生天的果报（2）。

四果：因证的道理而得道果，在智慧状态下得相应的果报，若等流果、补特伽罗果（附录）。

圣者：圣者在婆罗门法典和梵书文献中意味着“圣种”。在佛教中它指的是开悟证道的清净行者（11）；圣补特伽罗代表着所有善法白净法的集合（15）；圣者凭借修集行资粮和智资粮进入了“见道”，即以瑜伽直观而洞悉宇宙真相——小乘是诸法实相，大乘是真俗不二（16，90注释4，附录）；圣者在小乘称阿罗汉，在大乘称瑜伽者或瑜伽成就者（16，附录）；后者的洞悉能力称瑜伽现量（16以下）；这种能力是内在的，称“内所自证”，其不可形之言表（45）。因此，真正的圣者对于绝对无待的超验事物，都会沉默不语（附录）。但他仍然会为众生的利益，用随俗的语言开导他们（附录）。

数论的主张：（5）。

说一切有部论师：其主张过去、现在与未来三世中一切事物的构成元素是实在法（附录）。

经量部：它是小乘思想向大乘的过渡（24，29）；其思想批判法类同“奥康的剃刀”（24）；经部的实在观（29）；经部曾被视为大乘（附录）。

早期佛教的经院哲学（阿毗达磨学、毗昙学）：（23，24）。

经：佛陀言教按不同主题实行的集成汇编（附录）。

感觉材料：小乘认为感知活动中的对象即色法是实在的（附录）。

现量或现量知：现量是纯粹的感觉活动（附录）；大乘瑜伽行派对知识来源的讨论（45注释7，附录）。

清辨的论议法：（附录）。

爱里亚的芝诺：（52，67，附录）。

灵魂或自我：常我（2）；早期佛教以分离的诸蕴而否定有自我（4，5）；正理－数论派中有毫无生气的石头一样的（59）。

声：印度哲学中有关于声的本质讨论（附录）。

知识来源（量论）：量有两种（现量、比量）（141）；大乘中观认为有四种量（附录）。

空或虚空：即空间，在小乘它是实体（5）。

语言或语词：佛教的语词论也称

为“遮诠论”（附录）。

大（Sphere）指纯粹的物质或空间，其数有四或五等，称四大或五大（10）；在密教中指纯粹的精灵魂魄（10）。

实体或本体：佛教通常不承认实体（3，8，144，152）；大乘中变相承认实体说（3）。

空性：可指自性空=胜义无待=胜义无别，或者缘起性、相待性（附录）。

物自体：在佛教中指极端具体的个别，绝然无对者。此种实在唯有它的特殊之相状，称“自相”。它是剔除一切思想建构成分后的最终残余。陈那用自相反对龙树的绝对“空”——绝对的相对相待性（附录）。月称则认为，哪怕自相也是相待的（154）。它具有两重的相对性：一是相对于认识活动而言，二是相对于非自体的世间而言（附录）。在此意义上，它与亚里士多德的绝对者，与康德的“物自体”或黑格尔的“此性”相类似（53，附录）。

时间：其非实体性（附录）。

谛或真理：佛教说四圣谛（16）；大小乘都说四谛（17）；正理-胜论的谛为范畴义（55）；范畴或句义是印度各家学说多认可的哲学形式（55）；佛教因为句义是外教所许反而加以拒绝（随处）。

奥义书：其主张（随处）。

毗婆沙师：有部的论师（23，27）；在最广义上，此名称也泛指小乘十八部论师，但不包括经部师。

犊子部：其理论特征为主张从此世渡往他世的灵魂之我（附录）。

瑜伽一：旨在达到无念无想之安寂境界的深度冥想技巧（4）；瑜伽不是巫术（5）。凯思、贝克、劳曼、浦山、塞纳特、高楠氏、姉崎氏诸人对瑜伽的看法（6）。禅观冥想的机理在于高度专注于某一点而排除其他任何对象。此状态也称三摩地（6）；人类的精神心理状态被认为是散乱的，诸如感觉、意志、欲求、关心，都处在注意力的散乱中（7注释）。经冥想训练可以逐步达到纯粹的勉强比附为强直状态的无想等至禅定（7）；无想等至力据说是最宝贵的精神力（9）。它会给予修行者以超经验的成就，这样的瑜伽行法也称“禅”“等至”“心一境”等。

瑜伽二：精神高度集中于某一

点或某种观念会产生神通力（10）；这种力量可以引起个体生理气质的急剧变化，令其获得异乎寻常的专注力及别的能力，最低限度可以净化精神伦理，从而无欲无求，也就改变了行者的生存状态，使其摆脱粗大根身而进入更高境界（入色无色界）（11）。一旦获得超验的瑜伽力，可以轻易地克服生命中的原始冲动，进入澄明的寂静的涅槃境界（15）。通常，佛教的瑜伽并不是为了神通与魔法（2，5以下）；可参见日本禅寺中的训练（15注释）；另外，佛教禅法理论的起源与历史（18）；佛教拒绝弥曼差派对瑜伽的神秘主义态度（19）；瑜伽行法对于正理-胜论派也有重要意义（58）。

瑜伽行派：大乘一宗（51）；其学说为精神观念是唯一的实在（33，附录）；世界是心相的显示（附录）；其修行法强调瑜伽冥想（附录）。

图书在版编目（CIP）数据

大乘佛学 /（俄罗斯）舍尔巴茨基著；宋立道译.—
北京：商务印书馆，2025
（宗教文化译丛）
ISBN 978-7-100-23613-3

Ⅰ. ①大…　Ⅱ. ①舍…②宋…　Ⅲ. ①大乘—佛学
Ⅳ. ① B942.1

中国国家版本馆 CIP 数据核字（2024）第 092198 号

宗教文化译丛
大乘佛学
〔俄〕舍尔巴茨基　著
宋立道　译

商　务　印　书　馆　出　版
（北京王府井大街 36 号　邮政编码 100710）
商　务　印　书　馆　发　行
北京新华印刷有限公司印刷
ISBN 978 - 7 - 100 - 23613 - 3

2025 年 3 月第 1 版　　开本 880 × 1230　1/32
2025 年 3 月北京第 1 次印刷　　印张 7½

定价：48.00 元

“宗教文化译丛”已出书目

犹太教系列

《密释纳·第1部：种子》
《密释纳·第2部：节期》
《犹太教的本质》〔德〕利奥·拜克
《大众塔木德》〔英〕亚伯拉罕·柯恩
《犹太教审判：中世纪犹太－基督两教大论争》〔英〕海姆·马克比
《源于犹太教的理性宗教》〔德〕赫尔曼·柯恩
《救赎之星》〔德〕弗朗茨·罗森茨维格
《耶路撒冷：论宗教权力与犹太教》〔德〕摩西·门德尔松
《论知识》〔埃及〕摩西·迈蒙尼德
《迷途指津》〔埃及〕摩西·迈蒙尼德
《简明犹太民族史》〔英〕塞西尔·罗斯
《犹太战争》〔古罗马〕弗拉维斯·约瑟福斯
《论犹太教》〔德〕马丁·布伯
《回应现代性：犹太教改革运动史》〔美〕迈克尔·A. 迈耶

佛教系列

《印度佛教史》〔日〕马田行啟
《日本佛教史纲》〔日〕村上专精
《印度文献史——佛教文献》〔奥〕莫里斯·温特尼茨
《大乘佛学》〔俄〕舍尔巴茨基
《小乘佛学》〔俄〕舍尔巴茨基

基督教系列

伊斯兰教系列

其他系列

《印度古代宗教哲学文献选编》
《印度六派哲学》〔日〕木村泰贤
《吠陀哲学宗教史》〔日〕高楠顺次郎 木村泰贤
《印度逻辑和原子论》〔英〕阿瑟·伯林戴尔·凯思